Genehmigte Lizenzausgabe für
Bechtermünz Verlag im
Weltbild Verlag GmbH, Augsburg 1997

Erstveröffentlichung 1991 durch Éditions du Centurion
Originaltitel: La Bible

Gesamtherstellung: Druckerei Appl, Wemding
Printed in Germany
ISBN 3-86047-458-8

Die Bibel

Geschichten des Alten und Neuen Testamentes

Erzählt von Blandine Marchon
Illustriert von Claude und Denise Millet

Ins Deutsche übersetzt von
Monika Nadler

Bechtermünz Verlag

Sechs Fragen zur Bibel

1. Was steht in der Bibel?

Das Wort „Bibel“ bedeutet: das Buch. Tatsächlich ist die Bibel eine Sammlung zahlreicher einzelner Bücher. Die Bibel der Juden (die Thora) besteht aus 40 Büchern. Die Bibel der Christen (Katholiken, Protestanten und Orthodoxe) ist in zwei große Teile unterteilt: das Alte Testament und das Neue Testament.
Das Alte Testament umfasst die 40 Bücher der jüdischen Bibel. Das Neue Testament besteht aus 27 Büchern, darunter die vier Evangelien (Evangelium bedeutet: Frohe Botschaft). Jedes Evangelium erzählt auf seine Weise von dem, was Jesus getan und was er gesagt hat.

2. Wann ist die Bibel geschrieben worden?

Die ältesten Bibeltexte sind ursprünglich vom Vater dem Sohn weitererzählt worden. Vor ungefähr 3000 Jahren hat man damit begonnen, die Texte aufzuschreiben. Die jüngsten Bibeltexte sind etwa 1900 Jahre alt.

3. Wer hat die Bibel geschrieben?

Die Gläubigen sagen, dass die Bibel „das Wort Gottes“ ist. Das heißt aber nicht, dass Gott selbst die Bibel geschrieben hat!
Die Verfasser der Bibel waren Menschen, die oftmals unbekannt geblieben sind. Aber die Juden und die Christen glauben, dass Gott diese Menschen angeregt hat, Antworten auf die großen Fragen des Lebens zu geben: Wer sind wir? Woher kommen wir? Wer ist Gott? Warum gibt es das Böse und den Tod? …

4. Was erzählt die Bibel?

Sehr viele ganz verschiedene Dinge! Es gibt darin Abenteuergeschichten, historische Berichte, lustige oder fantastische Erzählungen. Lieder zum Beten (man nennt sie Psalmen), Liebesgedichte, praktische Ratschläge, Sprichwörter, Briefe … Mit all dieser Vielfalt erzählt die Bibel jedoch vor allem von der Liebe Gottes zu den Menschen.

5. Wer liest heutzutage die Bibel?

Millionen Männer und Frauen überall auf der Welt lesen die Bibel. Sie ist das Buch, das alle Rekorde bricht: Es ist in 1928 Sprachen übersetzt worden und man schätzt, dass seit 1815 mehr als 2,5 Milliarden Exemplare gedruckt worden sind!
Christen lesen die Bibel insbesondere am Sonntag, wenn sie zur Messe oder zum Gottesdienst zusammenkommen. Gemeinsam versuchen sie zu verstehen, was Gott ihnen sagt.
Aber auch viele Angehörige anderer Religionen oder Nichtgläubige lesen die Bibel.

6. Enthält dieses Buch die ganze Bibel?

Nein. Die Bibel ist ein sehr umfangreiches Werk und oft schwierig zu lesen und zu verstehen. Wir haben einige der schönsten Bibelgeschichten ausgewählt und sie in einfachen Worten nacherzählt, ohne sie zu verfremden.
Als Verständnishilfe für dich begleiten Fragen und Antworten die einzelnen Kapitel.
Wir hoffen, dass dieses Buch dir Lust darauf macht, die Bibel selbst zur Hand zu nehmen und ihre Schätze zu entdecken.

Die Verfasser

Das Alte Testament

Am Anfang

Am Anfang schuf Gott den Himmel und die Erde. Die Erde war leer und Finsternis überall. Der Geist Gottes schwebte über dem Wasser.

Ist die Welt wirklich so erschaffen worden, wie die Bibel sagt?

Nein. Dieser Text, der vor etwa 2500 Jahren geschrieben wurde, will keine wissenschaftliche Erklärung der Entstehung der Welt sein. Er will uns auf dichterische Weise zu verstehen geben, dass die Welt, nach dem Willen Gottes geschaffen, gut ist und uns anvertraut ist.

Am ersten Tag sprach Gott:
„Es werde Licht!“
Und es wurde Licht. Gott sah, dass das Licht gut war, und er trennte das Licht von der Dunkelheit. Gott nannte das Licht „Tag“ und die Dunkelheit „Nacht“.

Am zweiten Tag sprach Gott:
„Es soll ein Raum zwischen dem Wasser sein.“
So geschah es. Den Raum, der das Wasser in oben und unten trennte, nannte Gott „Himmel“.

Am dritten Tag sprach Gott:
„Das Wasser unterhalb des Himmels sammle sich an einer Stelle, damit das Trockene erscheine.“
So geschah es. Gott nannte das Trockene „Land“, das Wasser „Meer“. Und Gott sah, dass es gut war.

Gott sprach:
„Das Land sei von Grün bedeckt, von Pflanzen und Bäumen mit ihrem Samen und ihren Früchten.“
So geschah es. Und Gott sah, dass es gut war.

Am vierten Tag sprach Gott:
„Es sollen Lichter am Himmel sein, um den Tag und die Nacht zu unterscheiden. Sie sollen Zeichen sein für die Festtage und die Jahreszeiten, für die Tage und die Jahre und sie sollen das Land erhellen.

So geschah es. Gott schuf zwei große Lichtquellen: die Sonne für den Tag, den Mond für die Nacht. Er schuf auch die Sterne. Und Gott sah, dass es gut war.

Am fünften Tag sprach Gott weiter:
„Das Wasser sei erfüllt von lebendigen Wesen und Vögel sollen am Himmel fliegen."
Gott schuf alle Tiere, die das Wasser bevölkern, und auch alle Arten von Vögeln. Gott sah, dass es gut war. Er segnete sie und sagte zu ihnen:
„Vermehrt euch am Himmel und im Meer."
Am sechsten Tag sprach Gott weiter:
„Das Land bringe eine Vielzahl von verschiedenen Tieren hervor: kleine und große, Tiere, die gehen, und Tiere, die kriechen, wilde Tiere und Haustiere."
So geschah es. Und Gott sah, dass es gut war.
Schließlich sprach Gott:
„Lasst uns Menschen machen nach unserem Bild und uns ganz ähnlich. Sie sollen die Herren über alle Tiere sein."
Gott schuf die Menschen nach seinem Bild. Er schuf Mann und Frau, dann segnete er sie:
„Habt Kinder, vermehrt euch, bevölkert die ganze Erde und beherrscht sie. Ernährt euch vom Korn und den Früchten und die Tiere sollen die Grünpflanzen essen."
So geschah es. Gott sah, dass alles, was er gemacht hatte, wirklich sehr gut war.
Der siebte Tag brach an. Gott hatte sein Werk vollendet. Er ruhte. Er segnete diesen Tag und machte ihn zum heiligen Tag, der ihm gewidmet ist.

Nach dem Buch Genesis, Kapitel 1 und 2, Verse 1 bis 4

Warum sagt die Bibel, dass Gott die Welt in sieben Tagen erschafft?

Die jüdischen Priester in Jerusalem, die diese Geschichte geschrieben haben, haben die sieben Wochentage zum Vorbild genommen. Das Ausruhen Gottes am siebten Tag der Schöpfung lädt alle Menschen ein, an diesem Tag ihr Tun zu unterbrechen, um zu beten und sich auszuruhen. Für die Juden ist der letzte Tag der Sabbat, der Tag, der Gott geweiht ist.

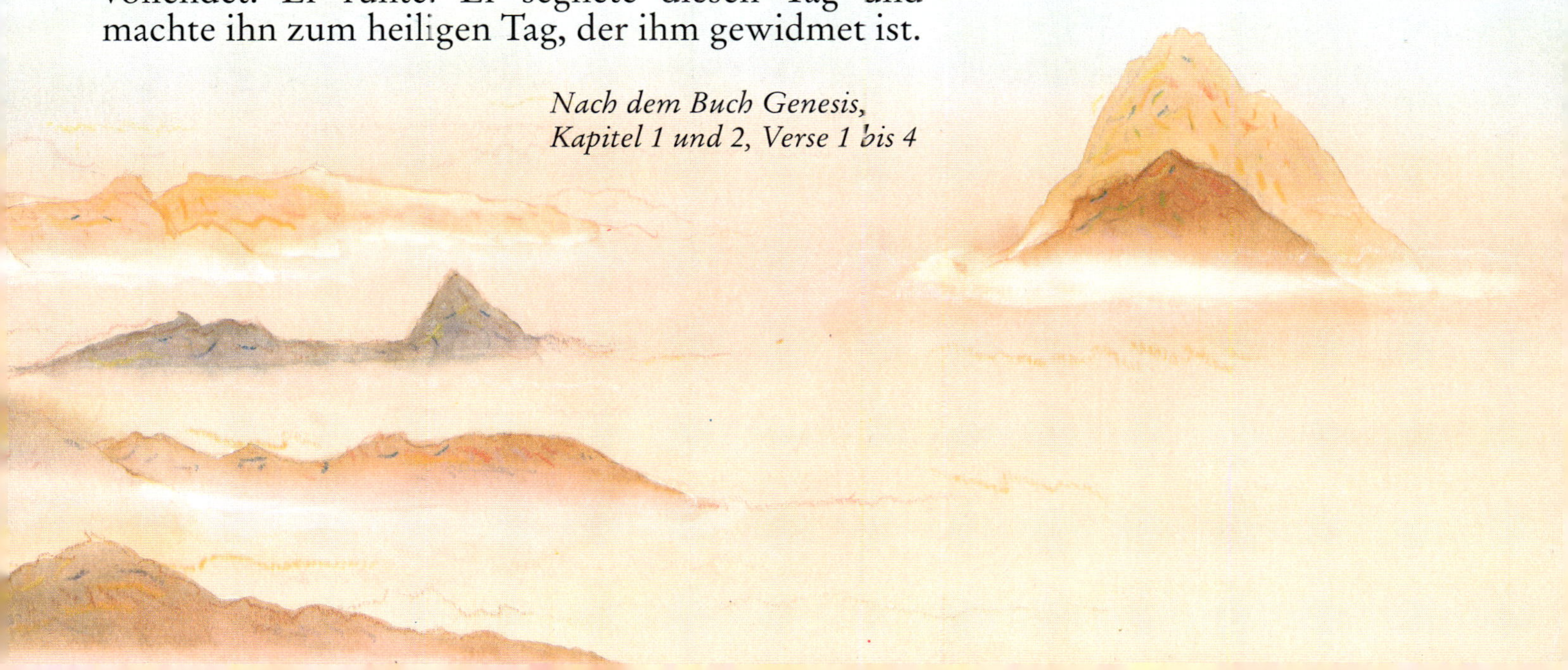

Der wunderbare Garten

Handelt diese Geschichte nicht von einem Apfel?

Nein, das ist ein Irrtum derer, die früher die Bibel auf Latein gelesen haben. Das lateinische Wort „malum“ bedeutet sowohl „das Böse“ als auch „der Apfel“. Aus der Frucht des Bösen ist so ein Apfel geworden!

Als Gott das Land und den Himmel schuf, gab es weder Bäume noch Pflanzen noch Menschen. Gott nahm Lehm und formte den Mann. Er blies seinen Lebensatem in dessen Nasenlöcher und der Mann begann zu leben. Gott schuf einen wunderbaren Garten: In die Mitte pflanzte er den Baum des Lebens und den Baum der Erkenntnis von Gut und Böse. Er gab dem Mann den Garten, damit er ihn bebaue, aber er sagte zu ihm:

„Du darfst die Früchte aller Bäume im Garten essen, bis auf die des Baumes der Erkenntnis von Gut und Böse. Sonst wirst du sterben.“

Danach sprach Gott:

„Es ist nicht gut, dass der Mensch alleine sei.“

Aus Erde formte er alle Tiere und führte sie zum Menschen. Dieser gab jedem von ihnen einen Namen, aber er fand keinen Gefährten, der ihm ähnlich war. Schließlich versenkte Gott den Mann in Schlaf. Er nahm eine seiner Rippen aus dessen Seite und formte eine Frau. Er führte sie zum Mann, der ausrief:

„Dies endlich ist Bein von meinem Bein und Fleisch von meinem Fleisch. Sie soll Frau heißen und meine Gefährtin sein.“

Darum wird der Mann seine Eltern verlassen und seine Frau lieben. Mann und Frau werden eins.

Nach dem Buch Genesis
Kapitel 2, Verse 4 bis 24

Von der Schlange verführt

Der Mann und die Frau waren nackt und schwach vor Gott, aber sie schämten sich nicht. Die Schlange, das schlaueste aller Tiere, fragte die Frau:

„Hat Gott euch verboten, die Früchte des Gartens zu essen?“

Die Frau antwortete:

„Wir dürfen die Früchte aller Bäume essen, nur nicht von dem Baum, der in der Mitte des Gartens steht. Sonst sterben wir.“

Da sagte die Schlange zu ihr:

„Nein, ihr werdet nicht sterben. Aber Gott weiß genau, dass ihr, wenn ihr davon esst, das Gute und das Böse erkennen werdet, und ihr werdet wie Götter sein.“

Die Frau sah den Baum voller Begehren an. Sie nahm eine seiner Früchte, aß davon und gab sie dem Mann, der ebenfalls davon aß. Da erkannten sie ihre Schwachheit und sie schämten sich, weil sie nackt waren. Sie machten sich Kleider aus Feigenblättern.

Nach dem Buch Genesis,
Kapitel 2, Vers 25, und
Kapitel 3, Verse 1 bis 7

Warum verbietet Gott, die Früchte eines Baumes zu essen?

Die Früchte dieses Baumes symbolisieren die Erkenntnis von Gut und Böse. Indem der Mensch sie isst, will er dasselbe Wissen haben wie Gott. Er will ganz allein über seinen Weg entscheiden. Gott hat ihm das verboten, weil er weiß, dass dies den Menschen unglücklich machen wird.

Aus dem Garten verjagt

Ist es das, was man die Erbsünde nennt?

In dieser Geschichte wird nicht von Erbsünde gesprochen. Es waren die Christen, die diese Geschichte so verstanden: Wenn Jesus durch sein Leben, seinen Tod und seine Wiederauferstehung alle Menschen von der Sünde befreit, dann deshalb, weil alle Menschen Sünder sind seit dem Beginn der Welt.

Der Mann und die Frau hörten Gott nahen und versteckten sich. Gott rief den Mann:

„Wo bist du?“

Der Mann antwortete:

„Ich habe mich versteckt, weil ich mich schäme nackt zu sein.“

„Wer hat dir gesagt, dass du nackt bist? Hast du eine Frucht vom verbotenen Baum gegessen?“

„Meine Gefährtin hat mir davon gegeben und ich habe davon gegessen.“

Gott sagte dann zur Frau:

„Warum hast du das getan?“

Die Frau antwortete:

„Die Schlange hat mich verführt und ich habe davon gegessen!“

Gott sagte zur Schlange:

„Du wirst ein verachtetes Tier sein.“

Er sagte zur Frau:

„Du wirst leiden und das Leben mit deinem Mann soll schwer sein!“

Auch zum Mann sprach er:

„Hart sollst du arbeiten, um dich zu ernähren, bis du stirbst und wieder zu Erde wirst.“

Gott machte ihnen dann Kleider aus Fellen und jagte den Mann und die Frau aus dem Garten.

Nach dem Buch Genesis, Kapitel 3, Verse 8 bis 23

Kain tötet seinen Bruder

Adam, der Mann, und seine Frau, Eva genannt, hatten Söhne. Der ältere, Kain, bebaute das Land. Der zweite, Abel, war Schafhirte. Kain und Abel brachten Gott ein Opfer dar. Kain opferte die Früchte des Feldes und Abel die Erstlinge aus seiner Herde. Gott nahm Abels Opfer an, aber das von Kain lehnte er ab. Wütend lockte dieser Abel aufs Feld und tötete ihn. Gott sagte zu ihm:

„Wo ist dein Bruder Abel?"

„Ich weiß nicht, antwortete Kain, „ich bin nicht der Hüter meines Bruders."

„Was hast du getan? Du hast ihn getötet! Verflucht sollst du sein. Das Land wirst du bebauen, aber es wird nichts gedeihen. Geh fort von hier!"

„Herr, meine Strafe ist zu schwer. Wenn du mich verjagst, wird man mich töten."

„Wenn jemand dich tötet, sollst du gerächt werden."

Und Gott kennzeichnete Kain, damit ihn niemand töte.

Nach dem Buch Genesis, Kapitel 4, Verse 1 bis 15

Warum nimmt Gott das Opfer Kains nicht an?

Das erklärt die Bibel nicht. Aber andere Bibelgeschichten sagen uns: Es kommt Gott darauf an, dass das Opfer mit einem reinen Herzen dargebracht werde. Vielleicht hatte Kain kein reines Herz?

Der Sintflut entronnen

Hat es eine Sintflut gegeben?

Gelehrte haben keine Spuren einer Sintflut gefunden, die die ganze Erde verschlungen hat. Aber man weiß, dass schwere Überschwemmungen viele Gebiete heimgesucht haben. Die Erinnerung daran wurde von den Menschen in der Geschichte von der Sintflut verarbeitet.

Einige Zeit später sah Gott mit Traurigkeit, dass die Menschen böse waren und immer nur an Schlechtes dachten. Er sagte sich:

„Ich werde die Menschen und die Tiere vom Erdboden tilgen, denn ich bereue es, sie geschaffen zu haben."

Aber ein Mensch namens Noah fand Gnade vor Gott.

Er sagte zu ihm:

„Baue eine Arche und gehe mit deiner Familie dort hinein, denn du bist der Einzige, der gut und gerecht ist. Nimm von jeder Tierart ein Paar, um sie am Leben zu erhalten. In sieben Tagen werde ich Regen auf die Erde fallen lassen, vierzig Tage lang, um alle Wesen, die ich geschaffen habe, zu vernichten."

Noah tat alles, was Gott ihm befohlen hatte. Sieben Tage später verschlang die Sintflut die Erde. Alles Leben verschwand. Nur Noah und die, die mit ihm in der Arche waren, überlebten. Nach vierzig Tagen ließ Noah einen Raben fliegen, aber die Erde war noch mit Wasser bedeckt und der Rabe kehrte zurück.

Später ließ er eine Taube frei, aber auch sie kam zurück. Er wartete weitere sieben Tage und ließ sie erneut fliegen. Gegen Abend kam sie wieder und hielt den frischen Zweig eines Ölbaums im Schnabel. Noah verstand, dass das Wasser sank. Sieben Tage später ließ er die Taube erneut frei und sie kam nicht mehr wieder. Noah verließ die Arche und brachte Gott ein Opfer dar. Das besänftigte Gott und er sagte zu sich:

„Ich werde die Erde nicht mehr wegen des Menschen zerstören. Mag er auch schlecht sein, so will ich doch nicht das Leben vernichten. Solange es die Erde gibt, soll der Wechsel von Aussaat und Ernte, Kälte und Hitze, Sommer und Winter, Tag und Nacht niemals aufhören.“

Gott sagte zu Noah und seinen Söhnen:

„Heute schließe ich einen Bund mit euch, mit euren Nachkommen, mit allen Lebewesen bei euch. Hier das Zeichen dieses Bundes zwischen mir und der Erde: Ich zeichne einen Regenbogen mitten in die Wolken. Wenn ich die Wolken über dem Land balle und mittendrin der Regenbogen erscheint, werde ich mich an meinen Bund mit den Lebewesen erinnern und es wird nie mehr eine Sintflut geben."

Aus dem Buch Genesis,
Kapitel 6 bis 9

Warum zerstört Gott die Erde, die er geschaffen hat?

Gott zerstört seine Schöpfung wegen der Schlechtigkeit der Menschen. Er erschafft sie wieder und verspricht dann, sie nie mehr zu vernichten. Diese Geschichte erklärt sehr anschaulich, dass Gott lieber vergibt als endgültig zu bestrafen: Er schließt seinen Bund mit der ganzen Menschheit für immer.

Der Turmbau zu Babel

Warum will Gott die Sprache der Menschen verwirren?

Die Geschichte will uns begreiflich machen, dass eine Welt, ohne Gott erbaut, zu einem Leben in Uneinigkeit führt. Die Vermehrung der Sprachen scheint von Gott gewollt zu sein, um dies zu zeigen.

Die Menschen hatten sich vermehrt. Zu dieser Zeit sprachen alle dieselbe Sprache. Auf dem Weg nach Osten entdeckten die Menschen eine große Ebene und ließen sich dort nieder. Sie sagten sich:

„Lasst uns Ziegel brennen, um eine Stadt zu bauen und einen Turm, der bis zum Himmel reichen wird. Wir werden berühmt sein und zusammenbleiben."

Gott sah die Stadt und den Turm, den die Menschen gebaut hatten. Er sagte sich:

„Die Menschen sind ein Volk, sie sprechen alle dieselbe Sprache: Wenn sie so weitermachen, wird ihr Hochmut keine Grenzen haben. Wir werden ihre Sprache verwirren, damit sie sich nicht mehr verstehen."

Das tat er: Die Menschen hörten auf die Stadt zu bauen und verstreuten sich über die ganze Erde.

Nach dem Buch Genesis, Kapitel 11, Verse 1 bis 9

Gott beruft Abraham

Unter den Nachkommen Noahs gab es einen Mann, der Abraham hieß: Gott sagte eines Tages zu Abraham:

„Verlasse dein Land, deine Familie, das Haus deines Vaters und gehe in das Land, das ich dir zeigen werde. Du sollst der werden, der aus den Völkern ein Volk macht. Glück sei mit deinen Freunden, Unglück komme über deine Feinde. Durch dich werde ich alle Familien auf der Erde segnen."

Abraham zog aus, wie Gott es ihm gesagt hatte. Er kam im Land Kanaan an und durchquerte es bis zur heiligen Eiche von Sichem. Dort erschien ihm Gott und sagte:

„Dieses Land werde ich deinen Nachkommen geben."

Abraham antwortete:

„Herr, mein Gott, du hast mir keine Kinder geschenkt. Wenn ich sterbe, erhält ein Diener alles, was ich besitze."

„Nein", sagte der Herr, „du wirst einen Sohn haben. Sieh den Himmel an und zähle die Sterne, wenn du kannst. Ebenso wird man die Zahl deiner Nachkommen nicht zählen können."

Abraham hatte Vertrauen zum Herrn. Deshalb hieß der Herr ihn gerecht.

Nach dem Buch Genesis,
Kapitel 12, Verse 1 bis 7, und
Kapitel 15, Verse 2 bis 6

Spricht Gott so wie ein Mensch?

Nein. Gott wählt Menschen aus, um in seinem Namen zu sprechen. Diese können somit behaupten: „Gott sagt." Die Gläubigen, die sie hören, erkennen, dass Gott durch sie spricht. Sie nennen diese Menschen Propheten.

Geheimnisvoller Besuch

Wer kommt Abraham besuchen: Gott oder drei Männer?

Die Geschichte macht deutlich, dass es sich um Gott handelt, aber sie lässt ihn in Gestalt dreier geheimnisvoller Besucher auftreten. Das ist die Vorstellung des Erzählers, um zu zeigen, dass Gott stets unerwartet handelt.

Eines Tages, als Abraham in Mamre war und in der Mittagshitze im Schatten der Eichen lagerte, erschien Gott bei seinem Zelt: Drei Männer standen vor ihm. Als er sie sah, warf sich Abraham vor ihnen nieder und sagte:

„Herr, der du zu mir gekommen bist, kehre bei mir ein. Ruhe dich aus. Ich lade euch zum Essen ein. Erholt euch, bevor ihr weitergeht."

Sie antworteten:

„Gut so."

Abraham lief, um seiner Frau Sara aufzutragen, sie solle Fladenbrot und ein junges Kalb zubereiten. Er bot ihnen auch Quark und Milch an. Er blieb in ihrer Nähe stehen, während sie aßen.

Sie fragten Abraham:

„Wo ist Sara, deine Frau?"

Abraham antwortete:

„Im Zelt."

Der Wanderer erwiderte:

„In einem Jahr komme ich wieder. Dann wird Sara einen Sohn haben."

Sara hatte das gehört und lachte still in sich hinein, denn sie war schon sehr alt.

Aber Gott sagte zu Abraham:

„Warum lacht Sara? Warum zweifelt sie an dem, was ich sage? Kann nicht Gott all das verwirklichen, was er will? Wenn ich in einem Jahr wiederkehre, wird Sara einen Sohn haben.“

Sara bekam Angst und leugnete:

„Ich habe nicht gelacht!“

Aber Gott antwortete:

„Doch, du hast gelacht.“

Wie Gott versprochen hatte, hatte Sara ein Jahr später einen Sohn. Abraham nannte ihn Isaak, das bedeutet „Kind des Lachens“.

Nach dem Buch Genesis,
Kapitel 18, Verse 1 bis 15

Abraham opfert seinen Sohn Isaak

Verlangt Gott Menschenopfer?

In diesen Zeiten gab es manchmal Menschenopfer. Diese Geschichte will uns zu verstehen geben, dass Gott das Vertrauen des Menschen fordert, aber dass er jedes Menschenopfer ablehnt.

Isaak war herangewachsen. Gott wollte sehen, wie weit Abraham ihm gehorchte. Er rief ihn:

„Abraham, nimm deinen einzigen Sohn Isaak, den du liebst. Bring ihn mir zum Opfer auf dem Berg, den ich dir zeigen werde."

Abraham stand früh auf, lud das Feuerholz auf seinen Esel und machte sich mit seinem Sohn auf den Weg.

Drei Tage später kam Abraham zu dem Berg. Er nahm das Feuer, ein Messer und ließ Isaak das Holz für das Opferfeuer tragen. Isaak sagte zu ihm:

„Mein Vater, ich sehe das Feuer und das Holz, aber wo ist das Opferlamm?"

„Das Lamm? Gott wird es wohl sehen!"

Abraham errichtete einen Altar, schichtete das Holz darauf, dann fesselte er seinen Sohn. Er nahm das Messer. Aber da rief ihn eine Stimme vom Himmel:

„Abraham! Abraham! Töte nicht das Kind. Ich weiß jetzt, wie sehr du mir vertraust, denn du warst bereit, mir deinen Sohn zu geben."

Abraham bemerkte nun einen Widder, der sich mit den Hörnern in einem Strauch verfangen hatte. Diesen opferte er anstelle seines Sohnes.

Nach dem Buch Genesis,
Kapitel 22, Verse 1 bis 13

Josef wird von seinen Brüdern verraten

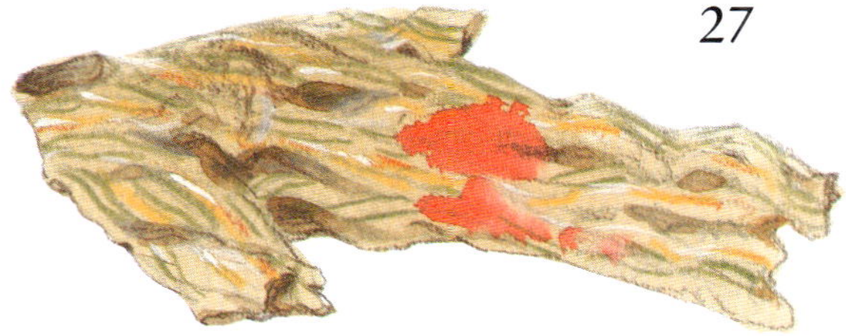

Jakob, der Sohn Isaaks, lebte im Land Kanaan. Von seinen zwölf Söhnen war ihm Josef am liebsten. Als er siebzehn Jahre alt war, schenkte Jakob ihm ein kostbares Gewand. Josefs eifersüchtige Brüder begannen ihn zu hassen. Josef machte sich nichts daraus und sprach offen mit ihnen. Eines Tages erzählte Josef seinen Brüdern und seinem Vater einen Traum, den er gehabt hatte:

„Die Sonne, der Mond und elf Sterne verbeugten sich vor mir."

Sein Vater schimpfte mit ihm:

„Was ist das für ein Traum? Müssen wir uns eines Tages vor dir verbeugen?"

Aber Jakob dachte oft an den Traum seines Sohnes. Eines Tages schickte er Josef nach seinen Brüdern, die fortgezogen waren, um das Vieh zu hüten. Sie sahen ihn von ferne.

„Ah! Seht den Träumer! Lasst uns ihn töten. Wir sagen, dass ein wildes Tier ihn verschlungen hat."

Einer von ihnen, Ruben, wollte seinen Bruder retten. Wir töten ihn nicht. Lasst ihn uns nur in eine Grube werfen." Er hatte vor, ihn dort herauszuholen. Seine Brüder stürzten sich auf Josef, rissen ihm sein schönes Gewand herunter und warfen ihn auf den Grund eines trockenen Wasserlochs.

Konnte man zu jener Zeit Menschen verkaufen?

Ja. Es war möglich, Männer, Frauen und Kinder als Sklaven zu kaufen oder einzutauschen. Man hielt sie sich für die Hausarbeit oder zum Zeitvertreib. Nach dem Tod Jesu verglichen die Christen Josef mit Jesus: Wie Josef war auch Jesus von seinen Brüdern verkauft worden.

Als sie eine Karawane von Kaufleuten sahen, die nach Ägypten zog, holten sie Josef aus der Grube und verkauften ihn. Dann schlachteten sie einen Ziegenbock, nahmen Josefs Gewand und tauchten es in das Blut. Dies zeigten sie ihrem Vater. Jakob erkannte es wieder. Überzeugt, dass Josef tot sei, weinte er lange Zeit.

Nach dem Buche Genesis, Kapitel 37, Verse 1 bis 34

Josef im Gefängnis

Die Händler verkauften Josef an Potifar, einen Vertrauten des Pharao von Ägypten und Obersten der königlichen Garde. Gott war mit Josef und half ihm. Alles, was Josef tat, gelang. Potifar war so zufrieden mit ihm, dass er ihn sein Haus verwalten ließ und alles, was er besaß. Josef machte seine Sache sehr gut und Potifar wurde immer reicher.

Josef war der Frau von Potifar aufgefallen. Eines Tages sagte sie zu ihm:

„Komm und verbringe die Nacht mit mir."

„Nein", antwortete er, „mein Herr vertraut mir. Ich will nichts Böses tun, weder ihm noch Gott."

Aber sie fuhr jeden Tag fort, ihn zu bedrängen. Eines Tages, als sie alleine waren, hielt sie Josef an seinem Gewand fest und flüsterte:

„Komm mit mir!"

Aber Josef stieß sie zurück und lief davon, wobei sein Gewand in ihren Händen blieb. Als Potifar zurückkehrte, sagte seine Frau zu ihm:

„Der Sklave, den du uns gebracht hast, wollte mit mir schlafen! Ich habe geschrien, da ist er fortgerannt, ohne sein Gewand mitzunehmen."

Potifar wurde wütend auf Josef und warf ihn ins Gefängnis. Gott half Josef auch dort. Der Oberste der Wache wurde sein Freund und ließ ihn die Arbeit der anderen Gefangenen beaufsichtigen. Der Oberste Mundschenk und der Hofbäcker des Pharao wurden ins Gefängnis geworfen, weil sie schlechte Arbeit geleistet hatten.

Eines Nachts hatte jeder der beiden einen Traum. Josef deutete die Träume und alles, was er vorhergesagt hatte, traf ein: Der eine wurde gehenkt, der andere freigelassen.

Nach dem Buch Genesis, Kapitel 39 und 40

Was ist ein Pharao?

Man bezeichnete die früheren Könige Ägyptens mit dem Titel „Pharao". Sie herrschten über ein sehr reiches Land, das durch den Fluss Nil sehr fruchtbar war.

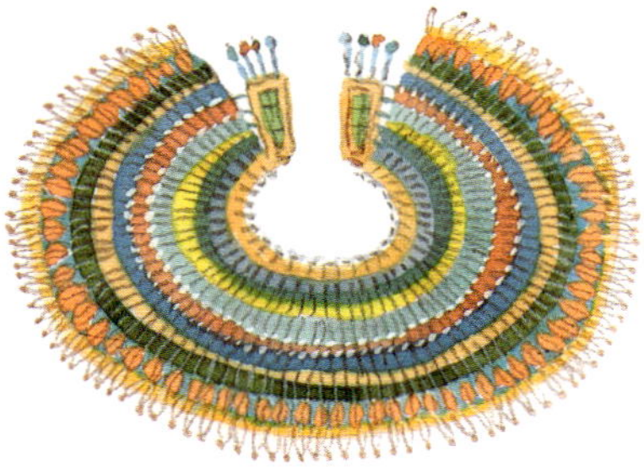

Minister des Pharao

Warum spricht man in der Bibel so oft von Träumen?

Die Juden maßen bestimmten Träumen sehr große Bedeutung bei. Sie dachten, dass Gott in ihnen auf eine geheimnisvolle Weise sprach.

Zwei Jahre später hatte der Pharao einen Traum: Er sah aus dem Nil sieben fette Kühe aufsteigen und danach sieben magere Kühe, die die ersten auffraßen.

Niemand konnte den Traum deuten, aber der Oberste Mundschenk erinnerte sich an Josef. Er erzählte dem Pharao von ihm und Josef wurde unverzüglich aus dem Gefängnis geholt. Der Pharao fragte ihn:

„Es scheint, dass du Träume deuten kannst?“

„Nicht ich“, antwortete Josef, „sondern Gott durch mich.“

Also erzählte der Pharao seinen Traum und Josef deutete ihn:

„Gott wollte dich warnen. Die fetten Kühe verkörpern sieben Jahre mit Ernten im Überfluss. Die mageren Kühe bedeuten sieben darauf folgende Hungerjahre.“

Josef fügte hinzu:

„Suche dir einen klugen Mann, der riesige Vorräte von Nahrungsmitteln anlegt und sie während der Dürrejahre verteilen wird. So wird Ägypten der Hungersnot entgehen.“

„Da Gott mit dir ist“, sagte der Pharao beeindruckt, „kann niemand so klug sein wie du. Du wirst mein Minister sein und du wirst Ägypten verwalten.“

Nach dem Buch Genesis,
Kapitel 41, Verse 1 bis 41

Begegnung der Brüder

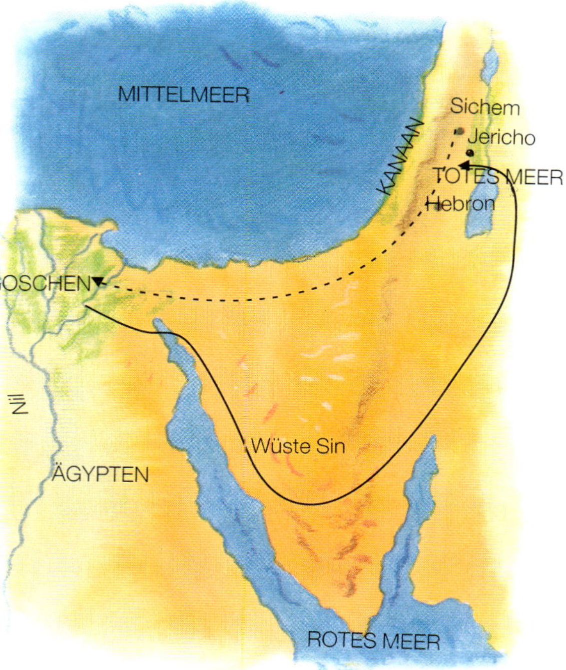

- - - Der Weg Josefs und seiner Brüder nach Ägypten

—— Der Weg des Auszugs aus Ägypten

Die sieben Jahre im Überfluss begannen. Josef legte riesige Weizenvorräte an. Dann brach die Hungersnot über alle Länder herein. Nun verkaufte Josef den Weizen an die Ägypter.

Auch im Land Kanaan, wo Josefs Familie lebte, herrschte die Hungersnot. Jakob schickte die zehn älteren Brüder Josefs nach Ägypten, um dort Weizen zu kaufen. Benjamin, den Jüngsten, behielt er zu Hause, damit ihm nichts zustoße.

Josef, der auch an Fremde Getreide verkaufte, erkannte seine Brüder wieder. Aber sie erkannten ihn nicht. Josef herrschte sie an:

„Was wollt ihr?"

„Wir sind aus Kanaan gekommen, um Weizen zu kaufen."

„Das ist nicht wahr. Ihr seid Spione!"

„Nein. Unser alter Vater hat uns geschickt, seinen jüngsten Sohn hat er bei sich behalten."

„Wenn ihr die Wahrheit sagt, soll einer von euch als Gefangener hier bleiben. Die anderen können mit dem Weizen zurückkehren, aber bringt mir euren jüngsten Bruder hierher!"

Sie ließen also Simeon zurück und sagten sich:
„Wenn uns Böses zustößt, dann deshalb, weil wir einst gegen unseren Bruder Josef schlecht gehandelt haben."

Als sie in Kanaan bei ihrem Vater ankamen, erzählten sie ihm alles. Jakob sagte:

„Nein, Benjamin wird nicht nach Ägypten gehen. Josef ist schon tot und Simeon ist im Gefängnis."

Aber als der Getreidevorrat zu Ende ging, sagte Jakob zu seinen Söhnen:

„Geht noch einmal dorthin und kauft etwas zu essen!"

„Der Minister des Pharao wird uns nicht empfangen, wenn wir nicht Benjamin mitbringen", antworteten die Söhne.

„Gut", sagte Jakob, „aber nehmt auch Geschenke für diesen Ägypter mit. Möge Gott ihm eingeben gnädig mit euch zu sein."

Als sie bei Josef ankamen, weinte dieser vor Rührung, als er Benjamin erblickte. Er ordnete sofort an Simeon freizulassen. Seine Brüder übergaben ihm ihre Geschenke, dann warfen sie sich vor ihm nieder. Josef erkundigte sich nach Neuigkeiten von ihrem Vater und ließ ihnen ein köstliches Essen auftragen.

Danach ließ Josef die Säcke seiner Brüder mit Nahrungsmitteln füllen. Seinen eigenen Silberbecher ließ er in Benjamins Sack verstecken. Am nächsten Morgen brachen die elf Söhne Jakobs mit ihren Eseln auf. Josef schickte seinen Vertrauensmann hinter ihnen her:

„Ihr habt den Becher meines Herrn gestohlen!"

„Niemals! Durchsuche selbst unsere Säcke. Und falls einer von uns deinen Herrn bestohlen hat, soll er sterben!"

„So sei es! Ich werde den Dieb zum Sklaven nehmen."

Er fand den Becher in Benjamins Sack. Er nahm ihn mit, aber seine Brüder folgten ihm bis zu Josef. Weinend warfen sie sich ihm zu Füßen:

„Gott bestraft uns für unsere Schandtat gegenüber unserem Bruder Josef. Wir seien deine Sklaven."

Josef antwortete:

„Nur der, der mich bestohlen hat, soll mein Sklave sein!"

Da ergriff Juda das Wort:

„Verzeiht mir, mein Herr. Du hast uns gefragt, ob unser Vater noch lebt. Du hast verlangt, dass wir dir unseren jüngeren Bruder bringen. Unser Vater wollte das nicht, denn er liebt ihn sehr. Wenn wir ihn nicht mit zurückbringen, wird er darüber sterben. Nimm mich an seiner Stelle als Sklave."

Nach dem Buch Genesis,
Kapitel 41 bis 44

Die vereinte Familie

Warum spricht die Bibel so ausführlich von Josef?

Weil er das Vorbild eines gottesfürchtigen Menschen ist, eines Heiligen: Josef lässt sich nicht von Macht, Sexualität, Rachsucht und Gewalt beherrschen. Er ist gerecht und vergibt denen, die ihm Böses zugefügt haben.

Josef brach ergriffen in Schluchzen aus und rief:

„Kommt zu mir. Ich bin Josef. Habt keine Angst, Gott hat mich hierher geschickt, damit ich euer Leben und das der Ägypter rette. Jetzt holt schnell euren Vater, eure Familien, euer Vieh und alle eure Habe. Lasst euch in meiner Nähe nieder, es wird euch an nichts fehlen."

Josef umarmte seine Brüder. Alle weinten. Der Pharao ließ ihnen Wagen geben und Wegzehrung. Sie kamen ins Land Kanaan zurück und berichteten ihrem Vater:

„Josef lebt! Er ist sogar Minister in Ägypten!"

Sie erzählten ihm alles, was Josef ihnen gesagt hatte, und zeigten ihm die Wagen voll mit Nahrung.

„Mein Sohn!", rief Jakob. „Ich will ihn wiedersehen, bevor ich sterbe. Brechen wir schnell auf!"

Sie machten sich auf den Weg. Eines Nachts sprach Gott zu Jakob:

„Jakob! Habe keine Angst nach Ägypten zu gehen. Dort werde ich dich zum Vater eines großen Volkes machen."

Sie kamen bald in Ägypten an. Als Jakob Josef wieder sah, sagte er:

„Jetzt kann ich sterben, denn ich habe dich lebend wieder gesehen."

Der Pharao erlaubte Jakob sich mit seiner Familie und seinen Herden im Gebiet von Goschen niederzulassen. Josef gab ihnen Land. Sie hatten Kinder und wurden sehr zahlreich. Als Jakob den Tod nahen spürte, segnete er seine zwölf Söhne, dann starb er in Frieden.

Nach dem Buch Genesis, Kapitel 45 bis 49

Sklaven in Ägypten

Jahre später starb Josef. Viel später herrschte ein neuer Pharao über Ägypten, der ihn nicht gekannt hatte. Er sagte zu seinem Volk:

„Die Israeliten sind jetzt zahlreicher und mächtiger als wir. Sie sind eine Gefahr für uns. Wir müssen verhindern, dass sie sich vermehren. Wir machen sie zu Sklaven."

Man gab den Israeliten schwere und erschöpfende Arbeit. Sie mussten zwei Städte für den Pharao bauen. Aber je mehr sie unterdrückt wurden, umso mehr und umso stärker wurden sie. Der zornige Pharao gab also den Befehl:

„Werft alle neugeborenen Söhne der Hebräer (so nannten die Ägypter die Söhne Israels) in den Nil."

Nach dem Buch Exodus,
Kapitel 1, Verse 8 bis 22

Warum wurden die Nachkommen Jakobs Israeliten genannt?

Weil Jakob sich auch Israel nennt; somit werden seine Kinder und Kindeskinder „Söhne Israels" oder „Israeliten" genannt. Viel später wird man ihnen den Namen „Juden" geben.

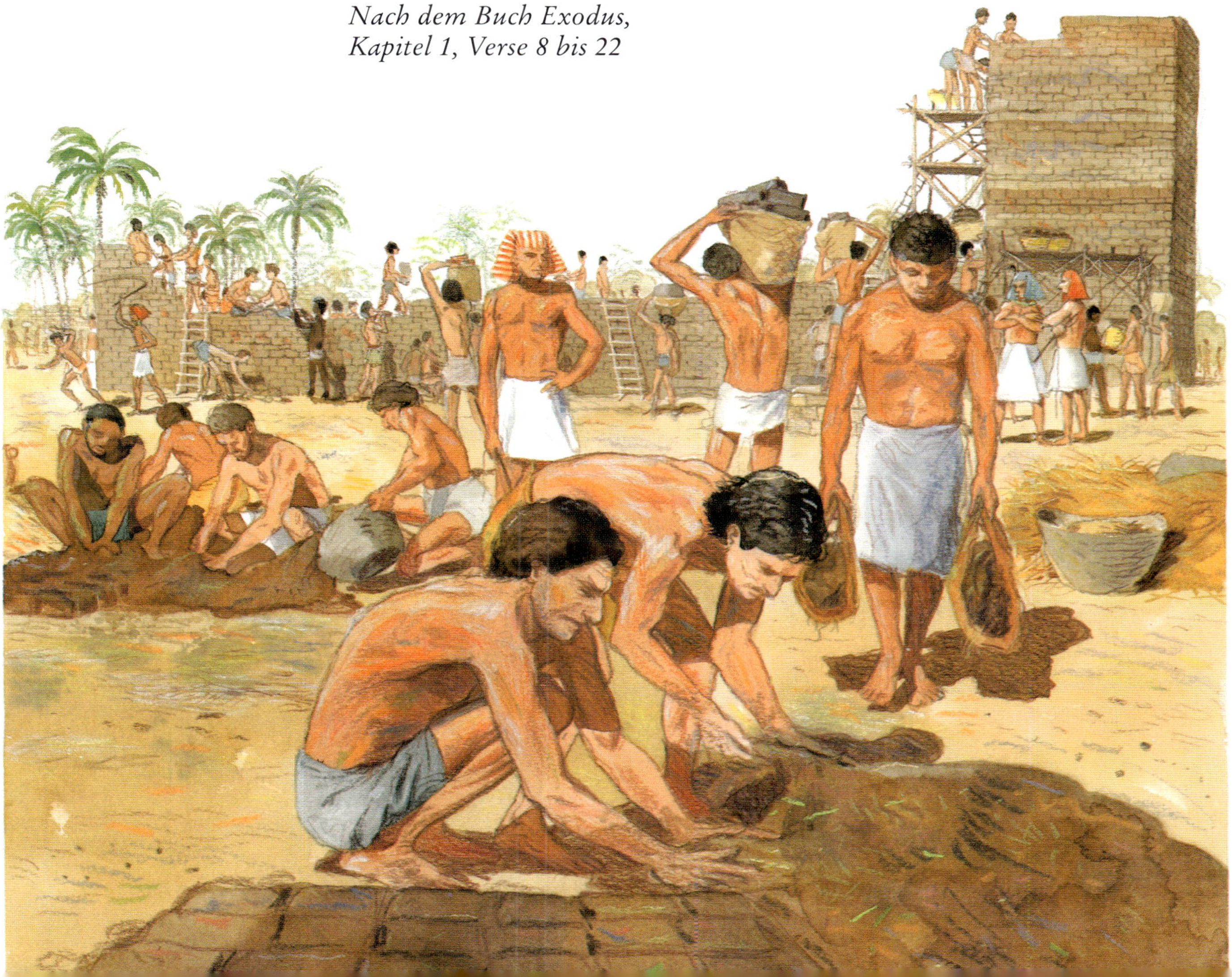

Ein gerettetes Kind

Hat sich die Begebenheit mit Mose tatsächlich so ereignet?

Das wissen wir nicht. Wir wissen nur, dass der Pharao Ramses II. seine Hauptstadt Pi-Ramses (heute Quantir) von Fremden erbauen ließ, die in die Sklaverei gezwungen worden waren und von den Ägyptern unter dem Begriff „Hebräer" zusammengefasst wurden. Indem sie das Leben Mose von seiner Geburt an erzählen, wollen die Verfasser der Bibel die Bedeutung dieses Menschen zeigen, der von Gott auserwählt war.

Die Frau eines Israeliten gebar einen Sohn. Es gelang ihr, ihn drei Monate lang zu verstecken. Um ihn vor dem Tod zu retten, legte sie ihn dann in ein Schilfkörbchen und setzte ihn am Ufer des Nil aus. Die Schwester des Babys versteckte sich, um zu sehen, was geschehen würde. Da kam die Tochter des Pharao, um zu baden. Sie entdeckte das Körbchen, öffnete es und sah das weinende Kind. Sie bekam Mitleid mit ihm:

„Das ist ein kleiner Hebräer. Wie hübsch er ist!"

Die Schwester des Kindes sagte:

„Soll ich eine Frau von den Hebräern holen, damit sie das Kind mit ihrer Milch ernährt?"

„Tu das", antwortete die Tochter des Pharao.

Die Schwester holte also ihre Mutter. Die Tochter des Pharao sagte zu der Frau:

„Nimm dieses Kind. Ernähre es, ich werde dich dafür bezahlen."

Die Mutter nahm ihr Kind und nährte es. Als es groß war, brachte sie es zu der Tochter des Pharao. Diese zog es auf wie einen Sohn und gab ihm den Namen Mose, das heißt: „Aus dem Wasser gezogen".

Nach dem Buch Exodus,
Kapitel 2, Verse 1 bis 10

Der brennende Dornbusch

Als er erwachsen geworden war, fiel Mose auf, dass man sein Volk schlecht behandelte. Eines Tages tötete er einen Ägypter, der einen Israeliten schlug. Der Pharao hörte davon und ließ Mose suchen, um ihn zu töten. Aber Mose floh ins Land Midian. Dort heiratete er und wurde Schafhirte. Als er seine Herde am Fuß eines Berges weidete, der Gottesberg genannt wurde, rief Gott ihn aus der Mitte eines brennenden Dornbusches. Das Gestrüpp brannte, ohne zu Asche zu zerfallen. Gott sagte:

„Mose! Ich habe das Elend meines Volkes in Ägypten gesehen. Ich kenne sein Leid. Ich will es befreien und ins Land Kanaan führen. Gehe zum Pharao!"

Mose antwortete:

„Aber wenn ich die Israeliten aufsuche und zu ihnen sage: ‚Der Gott eurer Väter schickt mich, um euch zu befreien', werden sie mich nach deinem Namen fragen!"

„Antworte ihnen: ‚Der, der mich zu euch geschickt hat, ist der ICH BIN'."

Nach dem Buch Exodus, Kapitel 2, Verse 11 bis 15, und Kapitel 3, Verse 1 bis 14

Warum lässt sich Gott ICH BIN nennen?

Dieser geheimnisvolle Name scheint zu sagen, dass Gott sich nicht in einen Namen einsperren lassen kann. Dies vor allem entdecken die Israeliten in dem, was er tut: Er ist „der, der sich für euch einsetzt". Auf hebräisch heißt dieser Name „Jahwe". Aber die Juden sprechen ihn aus Gottesfurcht niemals aus und die Christen ersetzen ihn meistens durch „Herr".

Panik in Ägypten

Was wollen all diese Katastrophen sagen?

Diese Katastrophen, auch „die zehn ägyptischen Plagen“ genannt, machen deutlich, dass Gott selbst mit dem Pharao um die Befreiung seines Volkes kämpft. In dieser Geschichte werden die ägyptischen Götter lächerlich gemacht: Der Gott Nil wird von Mose geschlagen, die Tiergottheiten bringen Unheil und der Sonnengott der Pharaonen wird dadurch besiegt, dass Dunkelheit das Land bedeckt!

Mose und sein Bruder Aaron sagten zum Pharao:

„So spricht der Herr, Gott Israels: ‚Lass mein Volk ziehen, um in der Wüste zu mir zu beten‘.“

Der Pharao weigerte sich. Also sprach Gott zu Mose:

„Sag Aaron, er soll den Nil mit seinem Stab schlagen. Das Wasser wird zu Blut werden!“

Aaron schlug den Fluss: Das Wasser des Nil wurde rot von Blut. Die Fische starben und der Fluss stank. Aber die ägyptischen Zauberer taten dasselbe. Der Pharao hörte nicht auf Mose.

Dann bedeckte Gott durch den Stab Aarons Ägypten mit Tausenden von Fröschen. Aber auch diesmal taten die Zauberer dasselbe. Der Pharao sagte zu Mose:

„Lass die Frösche verschwinden und ich werde dein Volk ziehen lassen.“

Mose willigte ein und die Frösche verschwanden. Zufrieden vergaß der Pharao sein Versprechen.

Da bedeckte Gott Ägypten mit einer Wolke von Stechmücken, die Mensch und Tier belästigten. Diesmal gelang es den Zauberern nicht, dergleichen zu tun. Sie sagten zum Pharao:

„Das ist der Fingerzeig Gottes!“

Aber der Pharao hörte auf niemanden.

Dann schickte Gott Ungeziefer. Die Pest befiel das Land: Alle Tiere starben, außer denen der Israeliten. Die Ägypter litten unter großen Geschwüren, die sich in Wunden verwandelten. Aber der Pharao änderte seine Haltung nicht.
Unwetter und Hagel
verwüsteten
Ägypten

und sie ließen nur das Land Goschen aus, wo die Israeliten lebten. Schließlich versprach der Pharao ihnen die Freilassung, falls alles aufhöre. Aber noch einmal brach er sein Wort. Gott sagte zu Mose:

„Warne den Pharao, dass nun die Heuschrecken sein Land zerstören werden!"

Das tat Mose. Die Weisen flehten den Pharao an: „Ägypten wird untergehen, lass diese Leute ziehen!"

Aber der zornige Pharao verjagte Mose und Aaron.

Riesige Heuschreckenschwärme verschlangen alles verbliebene Grün und fielen in die Häuser ein. Der Pharao ließ die Israeliten nicht ziehen. Dunkelheit bedeckte das ganze Land. Nur die Israeliten hatten Licht.

Der Pharao sagte zu Mose:

„Geht! Geht, um in der Wüste zu eurem Herrn zu beten! Ihr könnt eure Frauen und eure Kinder mitnehmen, aber das Vieh bleibt hier!"

„Kein Tier wird hier bleiben", antwortete Mose. Der Pharao überlegte es sich anders und ließ sie nicht gehen:

„Verschwinde! Wenn du noch einmal kommst, lasse ich dich töten!"

„In der Tat", sagte Mose, „ich werde nicht mehr wiederkommen!"

Nach dem Buch Exodus, Kapitel 7 bis 10

Auf der Flucht

Gott sprach zu Mose:

„Es ist die Zeit gekommen, um meine Kraft zu zeigen: Ich bin Gott, der Herr. Nehmt ein Lamm für jede Familie. Opfert es bei Sonnenuntergang. Zeichnet mit seinem Blut ein Zeichen auf die Türen eurer Häuser und bratet das Lamm. Esst es hastig mit ungesäuertem Brot, habt Sandalen an den Füßen, den Stab in der Hand, seid bereit loszuziehen. Das ist das Paschafest für den Herrn.

In dieser Nacht werde ich alle Erstgeborenen der Ägypter töten, die der Menschen und die der Tiere. Eure Häuser erkenne ich an dem Zeichen an der Tür und ich werde euch unbehelligt lassen. In Zukunft sollt ihr diesen Tag zu meinem Gedächtnis feiern!"

Mose gab diese Worte seinem Volk wieder. Alles, was Gott gesagt hatte, traf ein. Die Israeliten flohen in die Wüste mit ihren Herden und ihrer Habe.

Nach dem Buch Exodus, Kapitel 12

Was ist das Paschafest?

Es stammt von einem Fest, das die Schäfer in der Nacht des Frühlingsvollmondes feierten, bei der Geburt der Lämmer und beim Aufbruch zu den Sommerweiden: Die Schafhirten schlachteten ein Lamm, brieten es und aßen es mit ungesäuertem Brot und Kräutern. Die Spitzen ihrer Zelte färbten sie mit dem Blut, weil sie glaubten, dass sie so vor Unglück geschützt seien.

Weg durchs Meer

Wo befindet sich dieses Meer?

Lange Zeit glaubte man, dass es das Rote Meer war. Aber die Israeliten müssen sich vor dem Sumpfland weiter nördlich befunden haben, nicht weit von Goschen entfernt (siehe Karte Seite 31).

Der Pharao war wütend über den Auszug der Israeliten und beschloss, sie mit seinen Kampfwagen und Soldaten zurückzuholen. Die Israeliten, die am Ufer des Meeres lagerten, verloren den Mut, als sie sie kommen sahen.

„Habt keine Angst", sagte Mose zu ihnen, „der Herr wird uns retten. Ihr werdet die Ägypter nicht wiedersehen!"

Tatsächlich sagte der Herr zu Mose:

„Dein Volk soll nun weiterziehen. Nimm du deinen Stab und halte ihn über das Meer. Es wird sich teilen und einen Weg freigeben, auf dem dein Volk trockenen Fußes vorankommen kann. Die Ägypter werden euch verfolgen.

So werden sie erfahren, dass ich der Herr bin!“
Mose gehorchte. Das Wasser teilte sich und das Volk Israel, von Gott geleitet, durchquerte es trockenen Fußes. Die Ägypter verfolgten sie bis zur Mitte des Meeres. Da sprach der Herr zu Mose:
„Strecke deinen Arm aus. Das Wasser schließe sich über den Ägyptern!“
Das tat Mose und das Meer nahm wieder seinen Platz ein: Die ganze ägyptische Armee ertrank. An diesem Tag sah das Volk Israel, was der Herr getan hatte. Es fasste Vertrauen zu ihm und Mose, seinem Diener.

Nach dem Buch Exodus, Kapitel 14

Was will diese Geschichte sagen?

Bei der Erschaffung der Welt hatte Gott das Wasser geteilt, um das Land erscheinen zu lassen. Nun schafft er sein Volk, indem er das Wasser teilt und es von der Sklaverei in die Freiheit ziehen lässt, vom Tod ins Leben.

Hungrig in der Wüste

Was ist Manna?

Auf dem Sinai (wo die Wüste Sin liegt) gibt es einen Strauch, dessen Saft heraussickert und hart wird, sodass man ihn essen kann wie ein Bonbon. Mose hält die Israeliten an, in dieser Nahrung eine Gabe Gottes zu erkennen.

Nach eineinhalb Monaten Wanderschaft erreichte das Volk Israel die Wüste Sin. Es warf Mose vor:

„Du hast uns hierher geführt, um uns verhungern zu lassen! In Ägypten hatten wir wenigstens zu essen!“

Der Herr sagte zu Mose:

„Ich habe ihre Klagen gehört. Sag ihnen, dass sie nach Sonnenuntergang Fleisch bekommen werden und morgen früh genügend Brot. So werden sie erkennen, dass ich der Herr bin, ihr Gott.“

Am selben Abend ließen sich Wachteln im ganzen Lager nieder und am nächsten Morgen bedeckte eine dünne Kruste die Wüstenoberfläche. Das Volk rief:

„Das ist Manna!“

Mose antwortete ihnen:

„Das ist das Brot, das der Herr euch gibt!“

Nach dem Buch Exodus, Kapitel 16, Verse 1 bis 15

Die Zehn Gebote

Die Israeliten setzten ihre Wanderschaft fort und lagerten in der Wüste Sin. Eines Morgens gab es Blitze, Donner und einen gewaltigen Trompetenstoß auf dem Gebirge: Das Volk erzitterte. Der Herr war im Feuer herabgestiegen. Er rief Mose und Mose stieg zu ihm auf. Gott sagte ihm:

„Ich bin der Herr, dein Gott. Ich bin es, der dich aus Ägypten herausgeführt hat. Hier meine Gebote:

Du sollst keine anderen Götter neben mir haben.

Du sollst dir kein Bild von mir machen und keine Statue, um sie anzubeten.

Du sollst den Namen Gottes nicht für Böses missbrauchen.

Achte den siebten Tag der Woche als einen heiligen Tag, der dem Gebet und der Ruhe dient.

Du sollst Vater und Mutter ehren.

Du sollst nicht töten.

Du sollst nicht stehlen.

Du sollst nicht mit der Frau eines anderen schlafen.

Du sollst nicht falsch gegen deinen Nächsten aussagen.

Du sollst nichts nehmen, was ihm gehört.

Ich gebe dir diese Gebote, geschrieben in Stein.

Dies sind die Bedingungen für meinen Bund mit euch."

Und Mose blieb vierzig Tage und vierzig Nächte auf dem Berg.

Nach dem Buch Exodus, Kapitel 19, 20 und 24

Warum gibt Gott Gebote?

Er erteilt diese Gebote, um den Menschen zu helfen, mit sich und den anderen Menschen glücklich zusammenzuleben. Jesus wird diese Gebote in den Worten: „Liebe den Herrn, deinen Gott, und deinen Nächsten wie dich selbst" zusammenfassen.

Das Goldene Kalb

Mose kam nicht zurück. Die Israeliten verlangten nach einem Gott, den sie sehen konnten. Sie gaben Aaron, dem Bruder Mose, all ihren Goldschmuck. Aaron schmolz ihn und goss das Gold in Form eines Kalbs. Als sie das Goldene Kalb sahen, riefen die Israeliten aus:

„Das ist der Gott, der uns aus Ägypten herausgeführt hat!"

Aaron errichtete ihm einen Altar und beschloss ein Fest zu seinen Ehren zu feiern. Am nächsten Morgen brachte

das Volk Opfer dar, veranstaltete ein Festessen und fing dann zu singen und zu tanzen an.

In diesem Moment stieg Mose mit den zwei Bundestafeln vom Berg herab. Als er das Goldene Kalb erblickte, erfasste ihn ein großer Zorn, er zertrümmerte die Tafeln und verbrannte das goldene Standbild zu Asche. Dann sagte er zum Volk:

„Ihr habt eine schwere Sünde begangen! Ich werde jedoch zum Herrn hinaufsteigen und ihn anflehen euch zu vergeben."

Mose kehrte zum Herrn zurück. Dieser sagte zu ihm:

„Geh! Führe das Volk zu dem Ort, den ich dir gezeigt habe ..."

Nach dem Buch Exodus, Kapitel 32, Verse 1 bis 34

Warum ist es schlecht, ein Goldenes Kalb herzustellen?

Mit der Anbetung des Goldenen Kalbs wurden die Israeliten Gott untreu: Sie machten sich von ihm ein Bild, das den Göttern anderer Völker ähnelte. Hier handelt es sich um einen Gott der Stärke und der Fruchtbarkeit, der in der Gestalt des jungen Stieres verkörpert wurde.

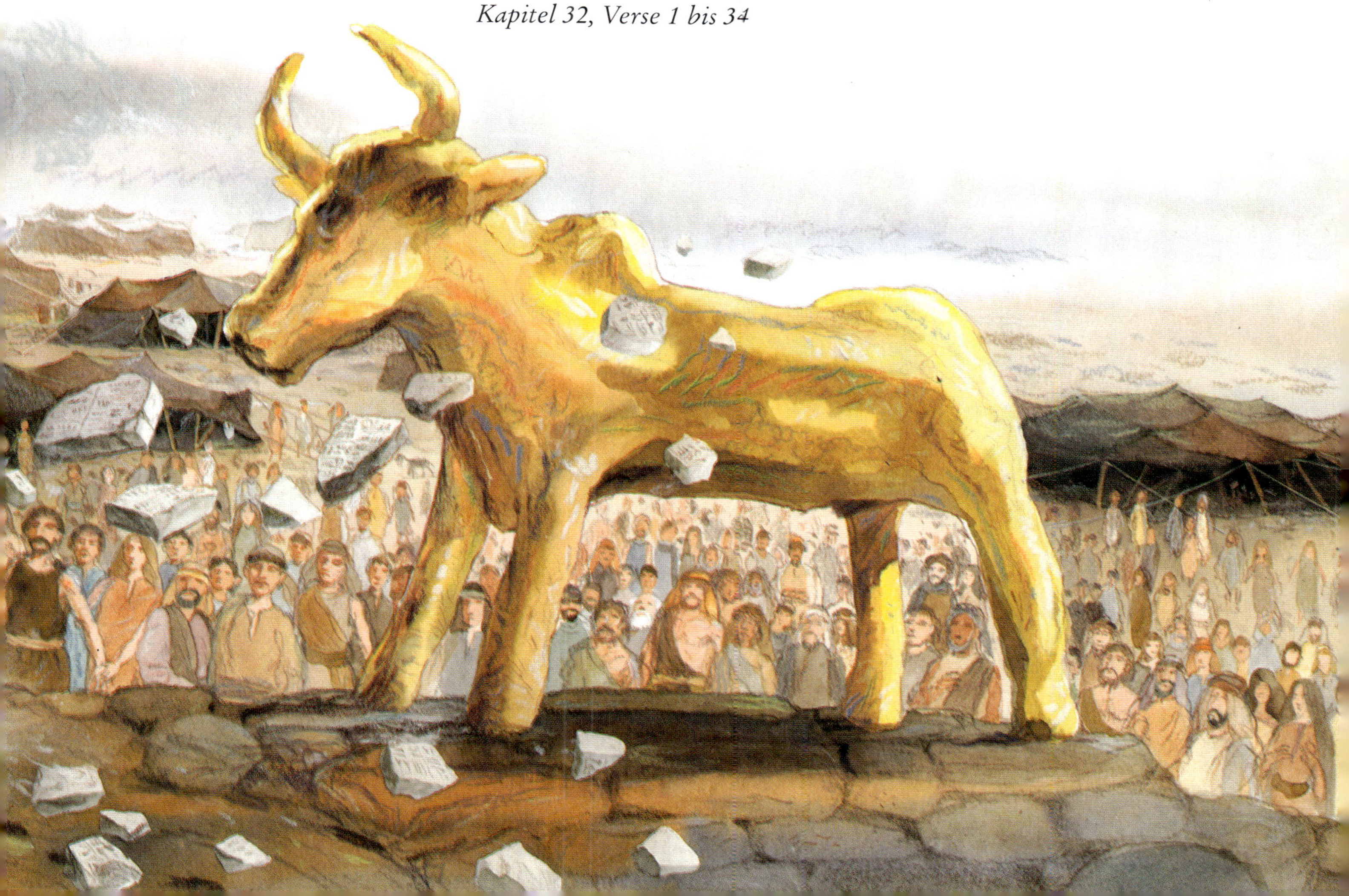

Die Bundeslade

Gibt es diese Steintafeln noch?

Nein. Sie sind verschwunden, als der Tempel in Jerusalem durch Nebukadnezzar zerstört wurde (siehe Seite 68).

Was ist eine Wolkensäule?

Eine Art Wolke. Sie lässt an den Rauch denken, der dem Weihrauch und anderen Duftstoffen entsteigt, die man in den Tempeln verbrennt.

Während des Marschs durch die Wüste wollte Mose einen Beweis haben, dass der Herr ihn und sein Volk auserwählt hatte. Er sprach zum Herrn:

„Zeige dich mir!“

Der Herr erwiderte ihm:

„Ich werde an dir vorbeigehen und meinen Namen aussprechen: DER HERR, denn ich zeige meine Herrlichkeit, wem ich will. Aber mein Gesicht wirst du nicht sehen: Man kann es nicht ansehen, ohne zu sterben. Stelle dich in den Spalt dieses Felsens. Wenn ich vorüberziehe, werde ich meine Hand über dich halten, dann nehme ich sie weg und du wirst mich von hinten sehen.“

Mose stieg auf den Berg Sinai und der Herr zog an ihm vorüber. Er ließ ihn seine Gebote erneut auf Steintafeln schreiben, dann erneuerte er seinen Bund. Mose stieg wieder zu seinem Volk hinab. Sein Gesicht strahlte von seiner Begegnung mit dem Herrn. Er ließ ein heiliges Zelt errichten, um die kostbare Holzlade zu schützen, in die er die Tafeln legte. Man nannte sie: die Bundeslade.

Der Herr erfüllte das Zelt und bedeckte es mit seiner Wolkensäule. Nachts schimmerte ein Feuer in der Mitte. Wenn die Wolkensäule sich erhob, machte das Volk sich auf den Weg. Wenn sie sich nicht hob, blieb es an derselben Stelle. Gott begleitete sein Volk auf dem ganzen Weg.

Nach dem Buch Exodus, Kapitel 33, Verse 18 bis 23, und Kapitel 40, Verse 16 bis 38

Der Tod Moses

Der Marsch durch die Wüste dauerte vierzig Jahre. Mose, der sehr alt geworden war, rief Josua, segnete ihn und bestimmte ihn zu seinem Nachfolger.

Einige Zeit danach kamen die Israeliten bei den Steppen von Moab an. Mose stieg auf den Berg Nebo. Dort zeigte ihm der Herr die ganze Weite des Landes Kanaan und sagte:

„Das Land, das du siehst, ist das Land, das ich den Nachkommen deiner Vorfahren Abraham, Isaak und Jakob versprochen habe. Ich zeige es dir, aber du wirst nicht dorthin gelangen."

In der Tat starb Mose im Land Moab, wie der Herr es ihm angekündigt hatte. Man begrub ihn im Tal und die Israeliten weinten dreißig Tage lang um ihn.

Nie mehr wieder gab es in Israel einen Propheten wie Mose: Der Herr war ihm von Angesicht zu Angesicht begegnet, er hatte ihn geschickt, um in Ägypten Wunder zu wirken vor dem Pharao und seinem ganzen Land. Und unter den Augen Israels handelte Mose, der Diener des Herrn, mit Macht.

Nach dem Buch Deuteronomium, Kapitel 34

Hat der Zug durch die Wüste tatsächlich vierzig Jahre gedauert?

Die Zahl Vierzig wird in der Bibel oft verwendet, um von Zeiten der Bewährung und der Begegnung mit Gott zu sprechen. Die Durchquerung der Wüste ist hier eine Art Zusammenfassung der ganzen Geschichte Israels. Sie ist aber auch die Geschichte eines jeden Gläubigen im Laufe seines Lebens: ein langer Weg mit Schwierigkeiten, mit Zuversicht, mit Zweifeln, mit Versuchungen, mit dem Verlangen nach Beweisen, mit Entmutigung und mit großem Glück.

Warum ist Mose so wichtig?

Weil Gott aus ihm den Befreier und Wortführer Israels gemacht hat. Er ist der bedeutendste Prophet Israels gewesen.

Das Gelobte Land!

Auf ihrem Weg kamen die Israeliten an einem Fluss an, der Jordan genannt wurde. Der Herr sagte zu Josua:

„Heute wird das Volk Israel erfahren, dass ich mit dir bin, wie ich mit Mose gewesen bin."

Josua gab den Israeliten die Worte des Herrn wieder. Sie brachen auf, um den Jordan zu überqueren, der in großen Strömen heranfloss. Die Priester, die die Bundeslade trugen, gingen voran. Als sie das

Wasser berührten, hielt der Fluss an, als würde er von einem Wall zurückgehalten, während er auf der anderen Seite weiter dem Meer entgegenströmte. Die Priester ließen das ganze Volk trockenen Fußes hindurchgehen, bevor sie selbst weitergingen.

Als sie am anderen Ufer ankamen, nahe bei der Stadt Jericho, begannen die Wasser des Jordan wieder zu fließen.

Nach dem Buch Josua,
Kapitel 3, Verse 7 bis 17

Hat der Fluss tatsächlich aufgehört zu fließen?

Das ist möglich, denn es kommt vor, dass die Böschungen des Jordan einstürzen und für kurze Zeit den Lauf des Wassers hemmen. Die Israeliten sahen darin ein Zeichen, dass Gott ihnen das Gelobte Land gegeben hatte.

Jerichos Fall

Wie konnten die Mauern einstürzen?

Sie sind nicht zu der Zeit eingestürzt, als die Israeliten kamen, denn sie waren schon einige Jahrhunderte zuvor zertrümmert! In Wirklichkeit haben die Bibelverfasser von einer Prozession berichtet, die jedes Jahr zum Gedenken an die Ankunft im Gelobten Land stattfand. Sie beendeten diese Erzählung mit dem Einsturz der Mauern.

Die Israeliten fanden die Tore der Stadt Jericho verschlossen. Niemand konnte hinein, niemand heraus. Der Herr jedoch sagte zu Josua:

„Ich gebe dir Jericho, den König und sein Volk. Sechs Tage lang sollt ihr still die Stadt umkreisen, du, deine Soldaten, sieben Priester, von denen jeder ein Widderhorn trägt, und die Bundeslade. Am siebten Tag umkreist ihr siebenmal die Stadt, während die

Priester auf den Hörnern blasen. Das Volk soll dann einen gewaltigen Schrei ausstoßen und die Mauern der Stadt werden einstürzen. So werdet ihr die Stadt einnehmen.“

Josua gab die Worte Gottes an sein Volk weiter. Sie gehorchten treu seinen Anweisungen: So übergab ihnen der Herr am siebten Tag die Stadt.

Nach dem Buch Josua,
Kapitel 6, Verse 1 bis 20

Die Wahl eines Gottes

Lange Zeit später versammelte Josua in Sichem alle zwölf Stämme Israels: Jeder trug den Namen eines der Söhne Jakobs. Das erinnerte sie an all das, was der Herr für sein Volk getan hatte von Abraham an bis zum Einzug in das Land Kanaan. Josua erklärte:

„Nun müsst ihr wählen: Wollt ihr die Götter der Nachbarvölker anbeten oder wollt ihr die Macht des Herrn anerkennen und ihm voller Liebe und Treue dienen?"

Das Volk antwortete:

„Der Herr ist unser Gott, dem wir dienen wollen, seiner Stimme wollen wir gehorchen."

An diesem Tag schloss Josua einen Bund für das Volk. Er nahm einen großen Stein und richtete ihn auf, um an dieses Versprechen zu erinnern.

Einige Zeit später starb Josua im Alter von hundertzehn Jahren.

Nach dem Buch Josua,
Kapitel 24, Verse 1 bis 29

Simsons Taten

Die Israeliten ließen sich im Land Kanaan nieder. Aber sie begannen wieder Dinge zu tun, die in den Augen des Herrn schlecht sind. So ließ sie der Herr allein, mitten unter den Philistern, einem Volk, das vom Meer gekommen war. Unter den Israeliten waren ein Mann und eine Frau, die keine Kinder haben konnten. Der Engel des Herrn erschien der Frau und sagte zu ihr:

„Du wirst einen Sohn gebären, der Gott geweiht sein wird. Zum Zeichen dieser Weihe wirst du ihm nie das Haar schneiden. Er wird damit beginnen, Israel von den Philistern zu befreien."

Die Frau bekam tatsächlich einen Sohn, den sie Simson nannte. Er wuchs heran, gesegnet vom Herrn. Eines Tages tötete er mit bloßen Händen einen Löwen. Einmal verbrannte er die Ernte der Philister, indem er Fackeln an die Schwänze von dreihundert Füchsen band. Ein andermal erschlug er tausend Feinde mit einem Eselsknochen.

Aber Simson verliebte sich in eine Philisterin: Delila. Die Führer der Philister kamen zu ihr:

„Umgarne Simson mit deinem Liebreiz, um herauszufinden, woher Simson seine Kraft hat und wie wir ihn überwältigen können. Wir werden dich gut dafür bezahlen!"

Delila versuchte Simsons Geheimnis zu erfahren, aber jedesmal weigerte er sich, es ihr zu sagen. Sie bestand aber so hartnäckig darauf, dass Simson eines Tages nachgab und ihr preisgab:

„Meine Haare sind nie geschnitten worden, denn ich bin Gott geweiht. Aus dieser Weihe stammt meine Kraft."

Delila ließ Simson einschlafen, rief die Philister und ließ ihm die Haare abschneiden. Simson verlor seine Kraft.

Was ist ein Engel?

In den Erzählungen der Bibel ist das ein Bote Gottes, ein sichtbares Zeichen seiner unsichtbaren Gegenwart unter den Menschen. Manchen Beschreibungen zufolge haben sie Flügel: Das soll zeigen, dass sie nicht zu unserer Welt gehören.

Als er erwachte, stachen die Philister ihm die Augen aus und warfen ihn ins Gefängnis. Allmählich wuchs sein Haar wieder und Simson bereute seine Unvorsichtigkeit.

Die Philister veranstalteten ein Fest, um ihren Sieg zu feiern. Sie stellten Simson zwischen die Säulen des Tempels ihres Gottes, um sich über ihn lustig zu machen. Simson betete:

„Herr, erinnere dich meiner. Gib mir ein letztes Mal deine Kraft, um mich zu rächen."

Mit all seiner Kraft stieß er die Säulen um und rief:

„Ich sterbe mit den Philistern!"

Der Tempel stürzte über ihm zusammen, über den Philistern und ihren Königen.

Nach dem Buch der Richter,
Kapitel 13 bis 16

Samuel, das von Gott berufene Kind

Eine israelitische Frau, Hanna, hatte keine Kinder. Sie ging zum Tempel von Schilo und bat den Herrn, ihr eines zu geben.

Sie bekam einen Sohn, den sie Samuel nannte. Als er größer geworden war, nahm sie ihn zum Tempel mit, damit er dem Hohepriester Eli beim Gottesdienst helfe. Die Jahre vergingen. Zu dieser Zeit waren Zeichen Gottes selten: Gott schien sein Volk vergessen zu haben. Als nun Eli in seiner Kammer schlief, rief der Herr zweimal Samuel, der im Tempel nahe bei der Lade schlief. Samuel erkannte ihn nicht: Er hatte nie zuvor sein Wort gehört. Er glaubte, dass Eli ihn gerufen hatte, und ging zu ihm. Eli schickte ihn fort:

„Ich habe dich nicht gerufen, geh wieder schlafen."

Beim dritten Mal verstand Eli, dass es der Herr war, der das Kind rief. Er sagte zu Samuel:

„Leg dich wieder schlafen. Wenn dich wieder jemand ruft, dann sag: ‚Sprich, Herr, dein Diener hört'."

Samuel schlief wieder ein und der Herr rief ihn von neuem:

„Samuel! Samuel!"

„Sprich, dein Diener hört", antwortete Samuel.

Und Gott sprach im Tempel.

Samuel wuchs heran. Bald erkannte das Volk Israel ihn als Propheten des Herrn an.

Nach dem Ersten Buch Samuel, Kapitel 3

Was machten die Priester in den Tempeln?

Die Priester leiteten das Gebet. Sie erzählten dem Volk Israel seine vergangene Geschichte, erinnerten es an die religiösen Gebote und das Bündnis mit dem Herrn. Im Namen der Gläubigen verbrannten sie Weihrauch und brachten Gott Opfer dar: Feldfrüchte oder Tiere, meistens Schafe.

Warum verwendet man Öl, um Könige zu salben?

Zu dieser Zeit verwendete man Öl als Mittel für Schönheit und Körperpflege, denn es durchdringt den Körper. Bei einer Salbung ist das heilige Öl das Zeichen für den Geist Gottes, der den künftigen König durchdringt.

Saul, der erste König Israels

Die Israeliten wollten einen König haben, wie die anderen Völker auch. Samuel sagte zu ihnen:

„Ich warne euch, der König wird eure Söhne für seine Armee und seine Ländereien holen, eure Töchter, um ihm zu dienen, und er wird einen Teil eures Geldes als Steuer verlangen. Ihr werdet seine Sklaven werden und euch beklagen. Euer König ist der Herr, warum wollt ihr einen anderen?“

Aber das Volk hörte nicht auf ihn. Also sagte Gott zu Samuel:

„Tu, was sie wollen. Gib ihnen einen König!“

Dann zeigte er ihm den Mann, den er erwählt hatte: Es war Saul, der für seine vielen Tugenden bekannt war. Samuel goss heiliges Öl über Sauls Kopf und sagte dabei:

„Du bist der, den Gott, der Herr, erwählt hat. Du wirst das Oberhaupt seines Volkes sein.“

Saul führte Krieg gegen alle Feinde Israels, aber er blieb Gott nicht treu. Also sagte Samuel zu ihm:

„Der Herr schickt mich, um dir zu sagen, dass du nicht länger König bist. Denn du hast sein Wort missachtet, nun verstößt er dich. Er wird einen anderen König finden, einen besseren als dich.“

Nach dem Ersten Buch Samuel,
Kapitel 8, 9, 10 und 15

David, ein Schafhirte, wird König

Der Herr sagte zu Samuel:
„Nimm das heilige Öl und gehe nach Betlehem zu Isai. Lade ihn mit seiner Familie zu einem Opfer ein und weihe heimlich den zum König, den ich dir zeigen werde.“
Samuel gehorchte dem Herrn. In Betlehem angekommen lud er Isai und dessen Söhne ein. Als Samuel Eliab, den ältesten Sohn, sah, sagte er sich:
„Das ist sicher der, den Gott erwählt hat!“
„Nein, nicht dieser“, sagte der Herr. Gott sieht nicht wie ein Mensch: Der Mensch achtet auf die Erscheinung, Gott sieht auf das Herz.
Isai stellte nacheinander seine sechs anderen Söhne vor. Samuel fragte ihn, ob er nicht noch einen habe.
„Ja“, antwortete Isai, „David, der jüngste, hütet die Schafe.“
„Lass ihn holen“, sagte Samuel zu ihm.
Als David kam, sagte der Herr zu Samuel:
„Der ist es! Weihe ihn zum König, indem du ihn mit dem heiligen Öl salbst.“
Seit diesem Tag war der Geist Gottes stets mit David.
Samuel kehrte zu sich nach Hause zurück.

Nach dem Ersten Buch Samuel,
Kapitel 16, Verse 1 bis 13

Warum wurde David heimlich gesalbt?

Weil zu dieser Zeit Saul noch für eine ganze Reihe von Jahren König war. Die Weihe Davids ist ein Versprechen, dass er in der Zukunft offiziell zum König geweiht werden wird.

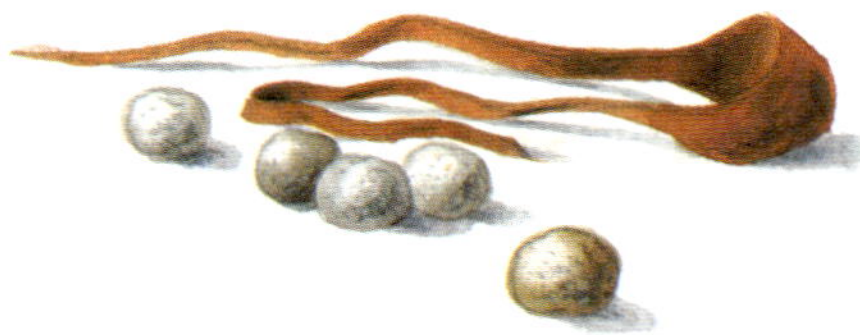

David gegen den Riesen

Warum hat der Schwächere gewonnen?

David sagt zu Recht: Goliat schlägt sich mit seinen Waffen, David kämpft mit der Hilfe Gottes, der ihn zum künftigen König Israels erwählt hat. Jesus bestätigt viel später: Die Schwachen werden von Gott bevorzugt.

David ging in König Sauls Dienste. Die Philister nahmen den Krieg gegen die Israeliten wieder auf. Die beiden Armeen standen sich gegenüber. Goliat, ein Riese der feindlichen Armee, reizte die Armee Israels vierzig Tage lang: Er forderte einen Gegner, um sich mit ihm im Zweikampf zu schlagen. David sagte zu König Saul:

„Ich werde gegen ihn kämpfen!“

„Aber du bist doch ein Kind!“, antwortete Saul. „Und das ist ein richtiger Krieger, ein Riese!“

„Der Herr wird mich retten“, beharrte David.

„Geh“, sagte Saul, „der Herr sei mit dir.“

David steckte fünf Kieselsteine in seine Hirtentasche und ging zu Goliat, mit einer Schleuder in der Hand. Der Philister sah ihn geringschätzig an:

„Komm, ich werde dich an die Vögel verfüttern!“

„Ich schlage dich im Namen des Herrn“, sagte David. „Er wird dich mir ausliefern, dich und deine Armee. So wird die ganze Erde wissen, dass Gott mit Israel ist!“

Mit seiner Schleuder schoss David einen Stein ab, der sich direkt in die Stirn Goliats bohrte. Der Riese

brach zusammen. Dann schlug David ihm den Kopf ab. Als die Philister sahen, dass ihr Held tot war, ergriffen sie die Flucht.

Nach dem Ersten Buch Samuel, Kapitel 17, Verse 1 bis 51

Die Verfolgung Davids

Saul war neidisch auf Davids Sieg. Er hatte Angst, dass dieser an seiner Stelle König würde, und versuchte ihn zu töten. David und seine Gefährten mussten fliehen und sich in den Bergen verstecken.

Saul verfolgte ihn mit dreitausend Männern. Er ging in eine Höhle, um ein menschliches Bedürfnis zu befriedigen. Dort aber hielten sich David und seine Gefährten versteckt. Diese flüsterten David zu:

„Der Herr hat gesagt: ‚Ich gebe dir deinen Feind, mach mit ihm, was du willst.' Dies ist der Zeitpunkt!"

David schlich sich heran und schnitt heimlich ein Stück von Sauls Mantel ab, dann sagte er zu seinen Leuten:

„Ich töte nicht den, den der Herr zum König gewählt hat."

Saul verließ die Höhle. Da rief David ihm nach:

„König, mein Herr!"
Saul kehrte um und David verneigte sich vor ihm:
„Ich hätte dich töten können, aber ich habe es nicht getan, denn du bist mit dem heiligen Öl gesalbt. Ich habe nur ein Stück von deinem Mantel abgeschnitten. Du sollst mir nicht länger nachstellen. Der Herr soll entscheiden und mich an dir rächen, aber nicht ich."
Da begann Saul zu weinen:
„David, du bist gerecht, ich wollte dir Böses. Der Herr hat mich in deine Hand gegeben und du hast mich nicht getötet. Der Herr belohne dich. Ich weiß nun, dass du der König Israels sein wirst."

Nach dem Ersten Buch Samuel, Kapitel 24, Verse 3 bis 21

Was wissen wir sonst noch über David?

Die Bibel berichtet, dass David musikalisch war, denn er spielte Zither und komponierte Lieder zum Gebet an Gott. Man sagt, dass viele Psalmen der Bibel von ihm geschrieben worden sind. Noch heute verwenden Juden und Christen diese Psalmen für das Gebet.

Die Eroberung Jerusalems

Warum sucht sich David Jerusalem als Hauptstadt aus?

Weil diese Stadt, die den Kanaanitern gehörte, in der Mitte des Landes lag und weil sie auf einem Hügel gelegen war, der im Falle eines Angriffs leicht zu verteidigen war.

Später wurde Saul in einer Schlacht gegen die Philister getötet. Nach sieben Jahren erkannten alle Stämme Israels David als König an und weihten ihn.

David beschloss, Jerusalem zu erobern, um es zu seiner Hauptstadt zu machen. Er und seine Männer marschierten auf die Stadt zu. Man verwehrte ihnen den Zutritt, aber der Herr war mit David, sie eroberten die Festung. Voller Freude wurde dort die Bundeslade aufgestellt und Jerusalem wurde seither „Stadt Davids“ genannt. Der König brachte sein Opfer dar, entledigte sich seiner königlichen Kleider und tanzte vor dem Herrn. Unter dem Beifall des Volkes wurde die Lade im Inneren eines eigens für sie errichteten Zeltes aufgestellt. David brachte dem Herrn noch andere Opfer dar, dann segnete er das Volk und ließ an alle Früchte und Kuchen verteilen.

Nach dem Zweiten Buch Samuel, Kapitel 5, Verse 1 bis 9, und Kapitel 6, Verse 17 bis 19

Ein neues Versprechen von Gott

David lebte in einem Palast. Eines Tages sagte er zum Propheten Natan:

„Ich habe einen Palast, während die Lade Gottes nur ein Zelt hat!"

„Tu, was dein Herz dir befiehlt", erwiderte Natan.

Aber der Herr wandte sich an Natan:

„Bestelle David von mir: ‚Ich brauche kein Haus, ich habe niemals eines gehabt. Ich aber werde dir ein Haus geben, das heißt: einen Sohn, der über das Volk Israel herrschen wird. Dieser wird mir ein Haus bauen. Ich werde ihm ein Vater sein, er wird für mich ein Sohn sein. Tut er Schlechtes, werde ich ihn verbessern, aber ich werde ihm niemals meine Liebe entziehen.'"

Getreulich überbrachte Natan David die Worte des Herrn.

Nach dem Zweiten Buch Samuel, Kapitel 7, Verse 1 bis 17

Von welchem Haus spricht Gott?

Einst bedeutete Haus sowohl ein Gebäude als auch die Familie, die darin wohnt. Hier spricht Gott von Salomo, dem künftigen Sohn Davids.

König Salomo und das gestohlene Kind

David herrschte lange Zeit und vergrößerte sein Königreich. Nach seinem Tod wurde sein Sohn Salomo König. Er wurde berühmt für seine große Weisheit.

Eines Tages suchten ihn zwei Frauen auf:

„Ich flehe dich an, mein Herr", sagte die eine, „hört mich an. Diese Frau da und ich, wir leben allein im selben Haus. Jede von uns hatte einen Sohn. Ihrer ist diese Nacht gestorben und während ich schlief, hat sie ihn gegen meinen ausgetauscht. Sie will ihn mir nicht wiedergeben."

„Das ist nicht wahr", sagte die andere. „Mein Sohn ist der lebendige. Ihrer ist gestorben!"

Salomo sagte:

„Bringt mir ein Schwert, schneidet das Kind in zwei Teile und gebt jeder eine Hälfte."

Eine der beiden Frauen schrie:

„Mein Herr, gebt ihr das Kind, aber tötet es nicht!"

„Zerschneidet es", sagte die andere Frau, „so soll es wenigstens keine haben!"

Salomo ergriff das Wort:

„Gebt das lebendige Kind der ersten Frau. Sie ist die Mutter."

Alle Leute hörten diesen Richterspruch und erkannten in Salomo die göttliche Weisheit.

Nach dem Ersten Buch der Könige, Kapitel 3, Verse 16 bis 28

Der schönste Tempel der Welt

Salomo sandte eine Nachricht zu seinem Freund Hiram, dem König von Tyrus im Libanon:

„Ich habe beschlossen, in Jerusalem ein Haus für den Herrn zu bauen, gemäß dem Wort, das er an meinen Vater David gerichtet hat. Ordne deshalb an, dass im Libanon Zedern für diesen Bau gefällt werden. Meine Knechte werden mit deinen arbeiten und ich bezahle ihnen, was du willst."

Hiram freute sich über Salomos Botschaft und rief aus: „Gesegnet sei der Herr, der David einen Sohn mit solcher Weisheit geschenkt hat, um dieses große Volk zu regieren!"

Also lieferte er Zedern- und Zypressenholz. Im Gegenzug erhielt er Weizen und Olivenöl. Salomo schickte dreißigtausend Männer, die abwechselnd im Libanon arbeiteten. Über sieben Jahre hinweg bauten zehntausend Träger und achtzigtausend Steinmetze an dem Tempel, geleitet von dreitausenddreihundert Aufsehern. Der ganze Innenraum wurde mit Blattgold verkleidet. Der Tempel war gewaltig und wunderbar, um dem Herrn zu danken.

Nach dem Ersten Buch der Könige,
Kapitel 5, Verse 16 bis 32, und Kapitel 6

Wie sah dieser Tempel aus?

Er war in der Mitte eines großen heiligen Bezirks gelegen. Er umfasste drei Räume: den Vorraum, das Heiligtum, welches nur die Priester betreten durften, und das Allerheiligste, wo sich die Bundeslade befand. Nur der Hohepriester ging einmal im Jahr dort hinein. Der Altar, auf dem die Tieropfer dargebracht wurden, befand sich vor dem Tempel.

Der Brand Jerusalems

Was ist aus den Verschleppten geworden?

In Babylon waren sie einigermaßen frei. Sie konnten sich Häuser bauen, Gärten anlegen und ihre Religion ausüben. Aber sie wurden gezwungen auf Baustellen und auf den Feldern zu arbeiten. Einige lebten sich so gut in Babylon ein, dass sie niemals mehr nach Jerusalem zurückkehrten.

Nach David und Salomo folgten andere Könige in Jerusalem. Aber oft taten sie, was in den Augen des Herrn schlecht ist: Sie hörten nicht auf, sich mit den großen Nachbarländern zu verbünden und sich wieder mit ihnen zu zerstreiten.

Zur Zeit des Königs Jojachin griff Nebukadnezzar, der König Babylons, Jerusalem an, da es sich mit Ägypten verbündet hatte. Jojachin und sein Gefolge ergaben sich. Nebukadnezzar raubte alle Schätze aus dem Tempel und dem Palast und zerstörte viele goldene Gegenstände, die Salomo hatte anfertigen lassen. Er verschleppte Jojachin, seine Frauen, Minister, siebentausend Soldaten, Tausende von Handwerkern und Schmieden und alle, die kämpfen konnten, nach Babylon. Er ließ nur die Ärmsten zurück und gab ihnen Jojachins Onkel Zidkija zum König. Dieser verriet bald schon Nebukadnezzar, indem auch er sich mit Ägypten verbündete. Nebukadnezzar griff erneut Jerusalem an und steckte es in Brand. Er ließ Zidkija kommen, brachte dessen Söhne vor seinen Augen um, ließ ihm die Augen ausstechen und nahm ihn in Ketten gelegt nach Babylon mit. Er verschleppte den Rest der Bevölkerung und ließ niemanden zurück außer einigen Weinbauern und Knechten.

Nach dem Zweiten Buch der Könige,
Kapitel 24, Verse 8 bis 17,
und Kapitel 25, Verse 1 bis 12

Aus der Verschleppung befreit!

Fünfzig Jahre später besiegte der Perserkönig Kyrus Babylon und wurde Herrscher über die Länder des Nahen Ostens. Gott gab ihm ein, der Bevölkerung zu verkünden:

„Gott, der Herr, hat mir alle Königreiche der Erde gegeben. Er hat mir aufgetragen, ihm wieder einen Tempel in Jerusalem zu errichten. Diejenigen von euch, die zu seinem Volk gehören, werden in diese Stadt zurückgehen und den Tempel des Gottes Israels wieder aufbauen. Die anderen sollen ihnen helfen und ihnen geben, was sie brauchen."

Sodann zogen hundertfünfzigtausend Israeliten von Babylon nach Jerusalem. Sie brauchten 15 Jahre, um den Tempel wieder zu errichten. Am Paschafest feierten sie voller Freude ein großes Fest zu Ehren seiner Fertigstellung.

Nach dem Buch Esra, Kapitel 1 bis 6

Warum hat Kyrus die Israeliten freigelassen?

Kyrus hat alle Völker, die von den Babyloniern verschleppt worden waren, zurückkehren lassen. Er dachte, dass es günstiger sei, den Völkern seines Reiches einen Teil ihrer Verantwortung und Freiheit zu lassen: So herrschte Frieden, auch in den entferntesten Provinzen.

Judit, die mutige Witwe

Nach ihrer Verschleppung nach Babylon und ihrer Rückkehr nach Jerusalem erzählten die Juden gern folgende Geschichte:

Nebukadnezzar war ein ehrgeiziger König. Er befahl Holofernes, seinem General, den ganzen Nahen Osten zu erobern. Eines Tages kam seine Armee bei den Toren einer jüdischen Stadt namens Betulia an und besetzte ihre Wasserquellen. Bald flehten die verdurstenden Einwohner ihren König Usija an die Stadt aufzugeben. Aber er antwortete ihnen:

„Mut! Lasst uns noch fünf Tage durchhalten, Gott wird uns nicht verlassen. Falls aber seine Hilfe nicht kommt, geben wir die Stadt auf."

Diese Worte drangen zu Judit, einer jungen und sehr schönen Witwe, die auf Gott vertraute. Sie sagte zu den Führern Betulias:

„Stellt nicht Gott auf die Probe! Wir wollen ihn um Hilfe anrufen, er wird uns erhören, wenn es ihm gefällt! Vertraut mir."

Judit begann zu beten:

„Gott, der du die Mächtigen von ihren Thronen stößt, sieh den Hochmut unserer Feinde: Sie verspotten dich. Gott der Kleinen, der Schwachen, der Hoffnungslosen, rette dein Volk durch die Hand einer niedrigen Frau."

Dann parfümierte Judit sich, zog ihre schönsten Kleider an und legte Schmuck an. Sie ging zum feindlichen Lager, um General Holofernes zu sprechen.

Entzückt hörte er sie an und lud sie zum Abendessen ein. Als er ganz betrunken war, schlug Judit ihm den Kopf ab und brachte ihn nach Betulia. Sie zeigte ihn den Einwohnern und sagte:

„Seht den Kopf Holofernes'. Der Herr hat ihn abgeschlagen durch die Hand einer Frau!"

Nachdem sie den Kopf auf den Mauern der Stadt aufgestellt hatten, zogen die Leute aus, um das Lager der Feinde zu zerstören. Als sie sie sahen, rannten Holofernes' Männer zu seinem Zelt, um ihn zu warnen. Aber als sie seinen enthaupteten Körper fanden, wurden sie von Panik ergriffen. Die Israeliten nutzten das aus, um das Lager zu plündern. Sie schrien vor Freude, huldigten Judit und boten ihr eine Krone aus Olivenzweigen. Judit sagte zu ihnen:

„Singt zu Gott und ruft seinen Namen! Unglück über die, die sein Volk angreifen!"

Nach dem Buch Judit,
Kapitel 7 bis 16

Warum wird diese Geschichte in der Bibel erzählt?

Die Erzählung von Judit erinnert daran, dass Gott niemals auf der Seite der Hochmütigen ist, derer, die ihre Stärke nutzen, um andere auszulöschen. Er ist auf der Seite der Kleinen und Schwachen. Aber es genügt nicht zu beten und auf Wunder zu warten. Judit ist ein Beispiel dafür: Sie setzt ihr Gottvertrauen in Taten um.

Die kühne Ester

Hier eine andere Geschichte, die sich die Juden erzählten:

Der Perserkönig Xerxes veranstaltete ein großes Festessen für alle Großen seines Reiches. Um seinen Reichtum zu beweisen, dauerte das Fest sechs Monate lang. Danach gab er in seinem Palast in Susa ein siebentägiges Festmahl für die Bevölkerung.

Völlig betrunken wollte der König am siebten Tag, dass alle die Schönheit seiner Frau Waschti bewunderten. Aber sie weigerte sich zu kommen und zog damit den Zorn von Xerxes auf sich. Er entzog ihr den Rang einer Königin und befahl, dass man ihm drei wunderschöne Mädchen suche, von denen er sich eines aussuchen wollte, um Waschti zu ersetzen.

Ester, eine junge und schöne Waise, wurde ihm vorgestellt. Ihr Adoptivvater, der Jude Mordechai, arbeitete im Palast. Der König verliebte sich in das Mädchen und nahm es zur Frau, ohne zu wissen, dass es eine Jüdin war. Nun aber wollte Haman, der Minister des Königs, alle Juden töten, um sich an Mordechai zu rächen, den er hasste. Er hatte den Tag ihrer Ermordung bereits bestimmt, jedoch deckte Mordechai die Verschwörung auf und flehte Ester an, sich beim König einzusetzen.

Ester betete zuerst zum Herrn, dann fasste sie Mut zum König zu gehen, um ihn zu einem Festmahl am nächsten Morgen einzuladen. Bei dieser Gelegenheit wollte sie mit ihm reden.

Genau in dieser Nacht erinnerte sich der König an Mordechai, der ihm einst das Leben gerettet hatte. Er wollte ihn belohnen und suchte Rat bei Haman. Dieser glaubte, dass er gemeint sei. Er schlug vor, den, den der König belohnen wollte, in königlichem Gewand auf einem Pferd vorbeizuführen. Xerxes sagte zu ihm:

„Gute Idee! Bereite das alles für Mordechai vor!“

Haman erbleichte, hatte er doch Mordechai hängen wollen. Am Abend, während des Mahls, enthüllte Ester dem König, dass sie Jüdin war und dass Haman ihr Volk ausrotten wollte.

Der König ließ Haman hängen und verhinderte das Gemetzel. Mordechai wurde mit einer Goldkrone und in königlichem Gewand vorbeigeführt und nahm Hamans Platz als Minister ein.

Das war ein Tag der Freude für die Juden! Dieser Festtag wurde später „Purim“ genannt (das bedeutet Schicksal), denn das Schicksal hatte sich gegen Haman gewandt und die Feinde der Juden waren besiegt worden!

Nach dem Buch Ester

Wird das Purimfest heute noch gefeiert?

Ja. Zur Erinnerung an die Erzählung von Ester feiern die Juden es jedes Jahr im Februar oder März. Es ist ein Freudenfest, an dem die Kinder sich verkleiden wie im Karneval.

Das Martyrium der sieben Brüder

Warum sind diese Frau und ihre Kinder so tapfer?

Weil sie daran glauben, dass Gott ihnen das Leben wiedergeben werde. Vor dieser Zeit dachten die Juden, dass der Tod das Ende des Lebens ist. Aber als sie den Mut derer sahen, die für ihren Glauben starben, begannen sie zu glauben: Gott kann seine Gläubigen nicht dem Tod überlassen.

Nach den Persern herrschte der Griechenkönig Alexander der Große über das Land der Juden. Einer seiner Nachfolger, Antiochus, wollte sie zwingen die griechischen Götter zu verehren.

Eine jüdische Mutter und ihre sieben Kinder waren vom König eingesperrt worden. Man quälte sie, um sie zu zwingen Schweinefleisch zu essen, ein Fleisch, das ihnen ihre Religion verbot. Einer der Söhne sprach:

„Lieber sterben wir als die Religion unserer Väter zu mißachten."

Im Sterben sagte der zweite:

„Der König der Welt wird uns auferwecken zu einem ewigen Leben!"

Unter Foltern erklärte der dritte:

„Gott hat mir das Leben gegeben. Durch ihn verliere ich es. Durch ihn werde ich es wiedererlangen."

Der König und seine Leute staunten über diesen Mut, aber sie setzten die Folter fort. Der vierte Sohn flüsterte mit seinem letzten Atemzug:

„Es ist gut, durch die Hand böser Menschen zu sterben, wenn man die von Gott versprochene Auferstehung erwartet."

Die Mutter, die ihre ganze Hoffnung auf den Herrn setzte, ermutigte sie:

„Ihr seid in mir herangewachsen, aber nicht ich habe euch den Geist und das Leben gegeben. Es ist der Schöpfer, der das Kind formt. Er wird euch das Leben wiedergeben, das ihr um seinetwillen aufgebt."

König Antiochus fühlte sich beschimpft. Dem letzten noch lebenden Sohn versprach er Freundschaft, Macht, Reichtum und Glück, wenn er das verbotene Fleisch esse. Er redete der Mutter zu, ihn zu überreden. Sie tat, als ob sie gehorche, aber sagte ihm in ihrer Sprache:

„Mein Sohn, hab Mitleid mit mir. Ich habe dich getragen, gestillt, ernährt, aufgezogen. Sieh den Menschen und die Schöpfung: Gott hat all das aus dem Nichts geschaffen. Fürchte nicht den Tod, wir werden uns wiederfinden!"

„Worauf wartet ihr?", sagte da der junge Mann zum Henker. „Ich gehorche dem Gesetz, das Mose meinen Vätern gegeben hat, dem König gehorche ich nicht. Er wird der Hand Gottes nicht entkommen!"

Und der Henker tötete auch ihn.

Nach dem Zweiten Buch Makkabäer, Kapitel 7

Die Leiden Ijobs

Es war einmal ein bedeutender Mann namens Ijob. Er war gut, gerecht und gläubig. Er war Vater von zehn Kindern, besaß riesige Herden und zahlreiche Knechte und Mägde. Eines Tages erschien Satan vor Gott:

„Wo kommst du her?“, fragte ihn der Herr.

„Ich mache einen kleinen Rundgang über die Erde.“

„Du hast sicher Ijob gesehen. Es gibt keinen besseren Menschen als ihn!“

Satan erwiderte:

„Weil du ihn beschützt und ihm hilfst seinen Besitz zu vermehren! Aber wage es, seinen Besitz anzutasten, und ich wette, er wird dich verfluchen!“

„So sei es! Mach, was du willst."

Satan nutzte dies. Kurz darauf verlor Ijob alles, was er besaß: die Rinder, seine Eselinnen, seine Schafe, seine Reichtümer und seine Kinder. Sein Körper war mit Wunden übersät. Also zerriß Ijob seinen Mantel, schor seinen Kopf zum Zeichen der Trauer und warf sich zu Boden, wobei er sagte:

„Nackt bin ich zur Welt gekommen und nackt werde ich von ihr gehen. Der Herr hat mir gegeben, der Herr hat es wieder genommen. Nur noch danken kann ich dem Herrn!"

Und Ijob, der wegen seiner Krankheit als unrein galt, war gezwungen sich auf einer Schutthalde außerhalb der Stadt niederzulassen. Seine Frau redete ihm zu, Gott zu verfluchen. Seine Freunde sagten, dass er gewiss selbst verschuldet habe, was ihm zustoße.

Ijob klagte zum Herrn:

„Warum all dieses Leid, wo ich doch nichts Böses getan habe? Stets habe ich den Armen und Unglücklichen geholfen! Nun sehne ich den Tod herbei."

Der Herr antwortete ihm:

„Hast du die Welt erschaffen? Kannst du dir ihre Größe vorstellen? Wer bist du, dass du solche Fragen stellst?"

Ijob antwortete:

„Ich habe geredet ohne zu wissen und Dummheiten gesagt. Nun vertraue ich in dich."

So gab Gott Ijob seine Gesundheit zurück, die Kinder und doppelt so viel, wie er vorher besessen hatte.

Nach dem Buch Ijob

Warum läßt Gott Ijob so sehr leiden?

Ja, diese Geschichte wirkt tatsächlich sehr grausam! Sie sagt uns, dass das Leid keine Strafe Gottes für die ist, die sich schlecht benehmen. Dennoch bleibt das Leid eines Unschuldigen wie Ijob unverständlich. Im Leiden Jesu wird Gott das Leid der Menschen bis zum Tode mittragen. In der Auferstehung wird er verkünden, dass das Böse und der Tod nie das letzte Wort haben.

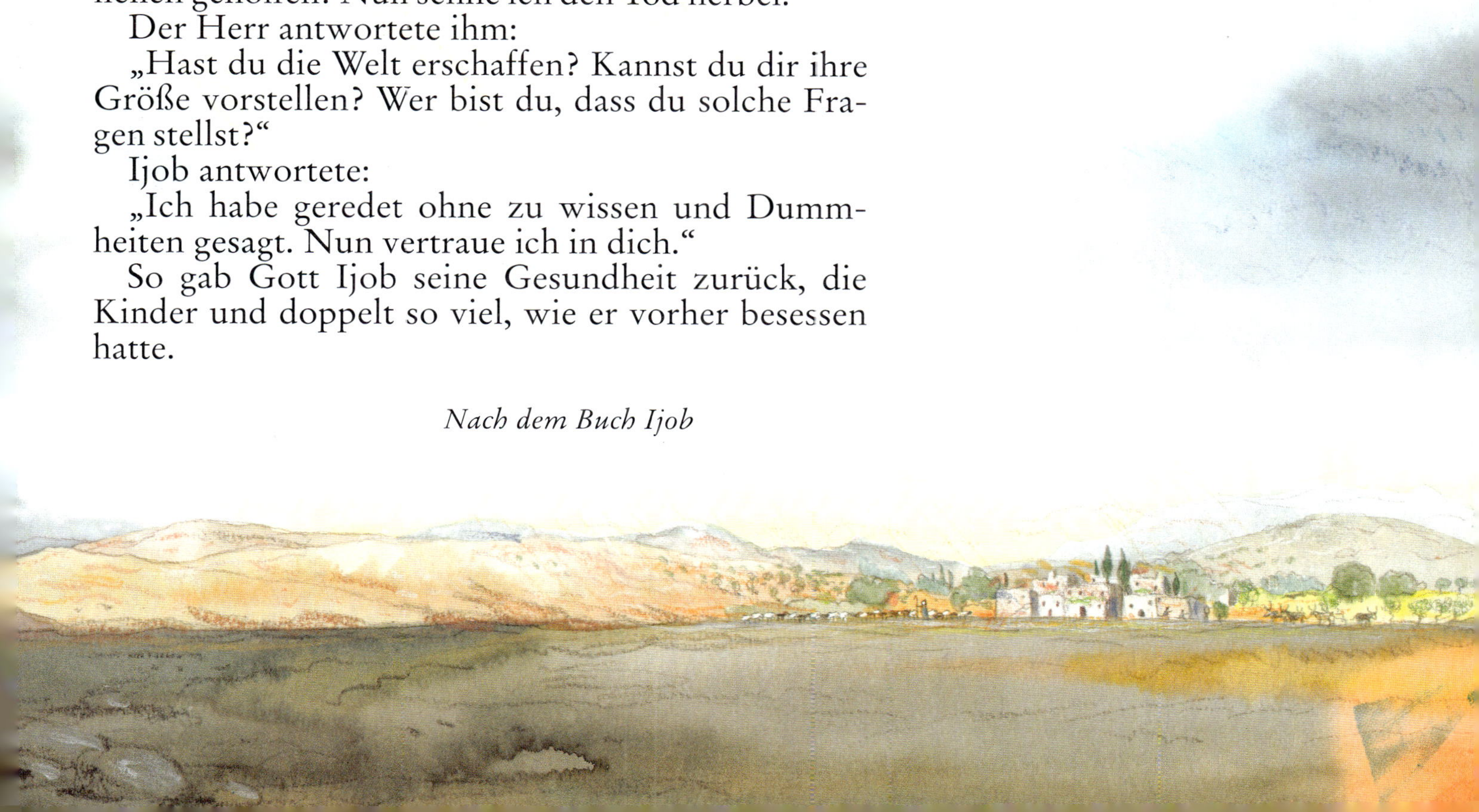

Wie ein Töpfer

Was ist ein Prophet?

Das ist ein Mensch, dessen Leben und Worte von Gott beseelt sind. Er verkündet den Menschen, was Gott im Lauf der Ereignisse von ihnen erwartet. Die bedeutendsten Propheten sind Jesaja, Jeremia und Ezechiel.

Eines Tages sprach der Herr Folgendes zum Propheten Jeremia:

„Geh zum Töpfer. Dort wirst du meine Worte hören."

Also ging Jeremia zum Töpfer: Dieser war gerade dabei, eine Vase aus Ton zu formen, aber sie gelang ihm nicht. Er begann von neuem mit demselben Ton und machte eine andere Vase, die perfekt gelang. So sprach der Herr zu Jeremia:

„Kann ich nicht das Volk Israel formen wie der Töpfer seine Vase? Ihr seid in meiner Hand wie der Ton in der seinigen. Glaubt nicht, dass ihr euch alles erlauben könnt, weil ihr mein Volk seid! Wenn ihr nicht auf mich hört, kann ich das Volk genauso leicht wechseln, wie der Töpfer eine neue Vase macht."

Nach dem Buch Jeremia,
Kapitel 18, Verse 1 bis 10

Das Lied der Kinder im Feuer

Gerne erzählten die Juden sich diese Geschichte aus der Zeit der Verfolgung durch Antiochus:

König Nebukadnezzar ließ in Babylon ein Standbild aus Gold errichten und befahl allen Einwohnern, es zu verehren. Drei junge Juden, Schadrach, Meschach und Abed-Nego, weigerten sich. Wütend sprach der König zu ihnen:

„Ist es wahr, dass ihr euch weigert, euch vor meinen Göttern niederzuwerfen? Wenn ihr das nicht tut, werdet ihr sofort in ein großes Feuer geworfen. Nun, welcher Gott wird euch befreien?“

Schadrach, Meschach und Abed-Nego sagten zum König:

„Wir haben es nicht nötig, dir zu antworten. Wenn unser Gott uns befreien will, wird er das tun. Und auch, wenn er das nicht tut, werden wir dennoch nicht deine Götter verehren!“

Wutentbrannt ließ Nebukadnezzar ein gewaltiges Feuer anzünden und ließ Schadrach, Meschach und Abed-Nego hineinwerfen. Schadrach betete im Stehen:

„Herr, verlasse nicht dein erniedrigtes Volk. Empfange unser Leben und unsere gebrochene Seele. Aus ganzem Herzen folgen wir dir, ehren wir dich und suchen dein Antlitz. Errette uns und erneuere dadurch deine Wunder.“

Mit einer Stimme sangen dann die drei Jungen ein Lied zu Ehren Gottes. Nebukadnezzar hörte sie. Überrascht sagte er zu seinen Ratgebern:

„Haben wir nicht diese drei Knaben ins Feuer geworfen? Und nun sehe ich darin vier Lebendige und der vierte scheint ein göttliches Wesen zu sein!“

Dann rief er aus:

„Gesegnet sei ihr Gott, der seinen Engel geschickt und sie befreit hat. Lieber haben sie ihm vertraut und mir widersagt als einen anderen als ihren Gott zu verehren!“

Nach dem Buch Daniel,
Kapitel 3, Verse 14 bis 95

Wer ist die vierte Person, die im Feuer erscheint?

Ein Engel Gottes. Diese Geschichte zeigt den verfolgten Juden, dass Gott sein Volk in der Not unterstützt: Er hält das Feuer zurück und macht die Flammen kühl wie den Morgenwind.

Daniel in der Löwengrube

Die Juden erzählten sich auch diese Geschichte:

Daniel, ein Israelit, stand in hohem Ansehen bei Darius, dem Perserkönig. Das machte dessen Vertraute eifersüchtig. Eines Tages überraschten sie ihn, wie er in seinem Zimmer betete. Sofort gingen sie zum König, um ihm zu berichten:

„Hast du nicht verfügt, dass ein jeder, der zu einem Gott oder einem anderen Menschen als dir betet, in die Löwengrube geworfen werden soll?"

„Ja", antwortete der König, „das habe ich beschlossen und ich werde nichts daran ändern."

„Daniel, einer der verschleppten Israeliten, ist ungehorsam: Er betet dreimal am Tag."

Das stimmte den König traurig und er überlegte bis zum Sonnenuntergang einen Weg, um Daniel zu retten. Aber seine Männer kamen wieder und erinnerten ihn an seinen Beschluss. So befahl er Daniel in die Löwengrube zu werfen. Er sagte zu ihm:

„Dein Gott, dem du treu dienst, wird dich erretten!"

Ein großer Fels wurde über die Grube gelegt, um jedes Entkommen zu verhindern. Dann ging der König in seinen Palast zurück, aber er konnte weder essen noch schlafen. In der Morgendämmerung rannte er zur Grube. Ängstlich rief er nach Daniel:

„Daniel, hat dich der lebendige Gott retten können?"

„Ewig lebe der König", antwortete Daniel.

„Mein Gott hat einen Engel geschickt, der den Rachen der Löwen verschloss. Sie haben mir nichts getan, denn in seinen Augen bin ich unschuldig."

Voller Freude ließ der König Daniel aus der Grube holen. Er hatte nicht die kleinste Wunde. Sodann ließ der König diejenigen, die Daniel beschuldigt hatten, holen und sie mit ihren Familien in die Grube werfen. Die Löwen verschlangen sie sofort. Unverzüglich schrieb König Darius an alle Völker:

„Friede sei mit euch! Liebt und verehrt den Gott Daniels, denn er ist der lebendige Gott in Ewigkeit. Er befreit und errettet und seine Herrschaft wird ohne Ende sein."

Nach dem Buch Daniel
Kapitel 6, Verse 12 bis 28

Jona, von einem Fisch verschlungen

Was soll diese Geschichte vom Fisch?

Die Verfasser der Bibel lassen Tiere die Rolle von Dienern Gottes spielen: Hier bringen das Meer, der Wind und der Fisch Jona nach Ninive. Später wird Jesus von den drei Tagen sprechen, die Jona im Bauch des Fisches verbracht hat, um seine Auferstehung nach drei Tagen im Grab anzukündigen.

Einst lebte ein Mann mit Namen Jona. Der Herr wandte sich eines Tages an ihn:

„Geh nach Ninive und sage seinen Einwohnern, dass ich genug von ihrer Bosheit habe!“

Jona fürchtete sich: Er zog es vor, mit einem Schiff in die entgegengesetzte Richtung zu fliehen. Aber der Herr ließ einen gewaltigen Sturm anheben. Jeder Passagier rief seinen Gott an, während Jona schlief.

„Steh auf!“, brüllte ihn der Kapitän an. „Bete zu deinem Gott, damit er uns vor dem Tode rettet!“

„Lasst uns das Los werfen, um herauszufinden, wer uns dieses Unheil eingebracht hat“, sagten die Matrosen.

Das Los fiel auf Jona. Der Kapitän befragte ihn:

„Was sollen wir mit dir tun, damit das Meer sich beruhigt?“

„Werft mich ins Meer, denn meinetwegen gibt es diesen Sturm.“

Die Matrosen warfen Jona ins Meer und sofort beruhigte es sich. Aber ein grosser Fisch verschlang Jona und behielt ihn drei Tage und drei Nächte. Im Bauch des Fischs betete Jona:

„Herr, ich rufe zu dir. Hier bin ich im Abgrund des Todes. Nur du kannst mich zum Leben zurückholen. Deinen Namen werde ich preisen!“

So spuckte der Fisch auf Weisung des Herrn Jona aufs Land.

Der Herr wandte sich erneut an Jona:

„Geh nach Ninive und bring ihnen meine Botschaft.“

Jona durchquerte die Stadt und schrie:

„In vierzig Tagen wird Ninive zerstört sein!“

Warum ist Jona so wütend?

Er fühlt sich auf den Arm genommen, weil Gott die Drohung, die er ihn verkünden ließ, nicht ausführt. Jona hat nicht begriffen, dass Gott alle Menschen liebt und nicht nur die Juden: Er vergibt allen, die ihre Fehler einsehen.

Unverzüglich ließen die Einwohner von ihrer Bosheit ab und glaubten an Gott. Sie trugen Trauer und fasteten. Der König tat dasselbe und sagte zum Volk:

„Ruft laut zu Gott und tut nichts Böses mehr. Nur dann wird Gott seinen Plan ändern."

Und tatsächlich nahm Gott seine Drohung zurück. Das aber machte Jona wütend:

„Oh! Herr, ich wusste, dass du geduldig und voller Liebe bist und dass du deine Strafe zurücknimmst. Ich habe jetzt genug! Lieber will ich sterben!"

Jona baute sich eine Hütte nahe der Stadt. Eines Nachts ließ Gott einen Strauch wachsen, der ihm Schatten spenden und ihn von seiner Übellaunigkeit befreien sollte. Und tatsächlich freute Jona sich sehr über das Grün. Aber am nächsten Morgen schickte Gott einen Wurm, der sich in den Strauch fraß und ihn verdorren ließ. Er ließ auch einen heißen Wind wehen, der Jona krank machte. Jona wollte sterben. Gott sagte zu ihm:

„Ist es recht von dir, wegen eines Strauchs so zornig zu werden?"

„Ja, bis zum Todeswunsch!"

„Höre: Diese Pflanze ist in einer Nacht gewachsen und dann verschwunden. Jedoch du hast Mitleid mit ihr! Und du willst, dass ich mich der Stadt Ninive nicht erbarme, wo doch mehr als hundertzwanzigtausend Menschen leben, die den rechten Weg nicht kennen?"

Nach dem Buch Jona

Der da kommen wird

Das hat der Prophet Jesaja verkündet: Es wird ein neuer David geboren werden. Der Geist Gottes wird mit ihm sein. Er wird nicht nach dem richten, was er sieht, und nicht nach dem entscheiden, was er hört. Er wird gerecht sein mit den Schwachen und Armen. Es wird keine Gewalt mehr in der Welt sein: Der Wolf wird beim Lamm wohnen, das kleine Kind wird mit der Schlange spielen. Niemand wird niemandem Böses tun, denn Gottes Liebe wird die Welt erfüllen, wie die Wasser den Meeresboden bedecken.

Nach dem Buch Jesaja, Kapitel 11, Verse 1 bis 9

Wovon spricht Jesaja?

Jesaja, der achthundert Jahre vor der Geburt Jesu gelebt hat, spricht von einem zukünftigen König aus dem Geschlecht Davids, der von Gott gesandt werden wird. Jahrhundertelang haben viele Juden auf diesen kommenden König gewartet, den sie Messias nannten. Die Christen haben in Jesus den Messias erkannt, der gekommen ist, um uns den Weg zum Frieden, zu Gerechtigkeit und zu Liebe zu zeigen.

Das Neue Testament

Mariä Verkündigung

Ist diese seltsame Geschichte wirklich wahr?

Schon immer haben viele Menschen diese Erzählung für unwahrscheinlich gehalten. Aber die Evangelien von Lukas und Matthäus bekunden hierdurch, dass Gott ein Zeichen für die zweifache Abstammung Jesu geben wollte. Von Maria geboren ist er ganz Mensch. „Vom Heiligen Geist empfangen" ist er wahrhaft Gottes Sohn.

Es ist bald zweitausend Jahre her. Gott sandte den Engel Gabriel zu einer jungen Frau, Maria genannt. Sie war mit Josef verlobt, einem Nachkommen des Königs David. Maria lebte in einem Dorf in Galiläa, welches Nazaret hieß. Der Engel sagte zu ihr:

„Freue dich, Begnadete. Der Herr ist mit dir."

Maria war verwirrt. Der Engel fuhr fort:

„Fürchte dich nicht. Gott hat dich erwählt. Du wirst der Welt einen Sohn schenken, den du Jesus nennen wirst. Er wird König sein und seine Herrschaft wird niemals enden."

Maria sagte zu dem Engel:

„Wie kann das geschehen, da ich doch nicht verheiratet bin?"

„Der Heilige Geist wird über dich kommen und Gott wird dich in seinen Schatten nehmen. Deshalb wird dein Kind Sohn Gottes genannt werden."

„Ich bin die Dienerin des Herrn", sagte Maria, „alles geschehe, wie du gesagt hast."

Danach verließ der Engel sie.

Nach dem Lukasevangelium
Kapitel 1, Verse 26 bis 38

Die wunderbare Geburt Jesu

In diesen Tagen erließ der römische Kaiser Augustus den Befehl, alle Einwohner seines Reiches, welches sich rings um das Mittelmeer erstreckte, zu zählen. Jeder Mann mußte seine Familie an seinem Geburtsort eintragen lassen.

Josef und Maria, die schwanger war, verließen Nazaret, um sich in Betlehem in Judäa eintragen zu lassen. Dort, mitten in der Nacht, brachte sie ihren Sohn zur Welt. Sie wickelte ihn in Windeln und legte ihn in einem Stall in eine Futterkrippe, da in der Herberge kein Platz für sie gewesen war.

Nicht weit entfernt hüteten Schäfer ihre Herden. Der Engel des Herrn erschien ihnen und sagte:

„Fürchtet euch nicht, denn ich bringe euch eine gute Nachricht, eine große Freude für alle: Heute ist euch der Retter geboren worden. Er ist der Messias, der Herr. Ihr werdet ihn in einer Krippe schlafend finden."

Ist es sicher, dass Jesus gelebt hat?

Ja. Die Forscher, die die Evangelien von Matthäus, Markus, Lukas und Johannes studiert haben, sind sich einig: Jesus ist keine von den Evangelisten erfundene Gestalt. Auch die jüdischen und römischen Geschichtsschreiber dieser Zeit haben die Existenz Jesu nie in Zweifel gezogen.

Ist Jesus wirklich am 25. Dezember geboren worden?

Das weiß man nicht! Es waren die Christen in Rom, die um das Jahr 350 dieses Datum gewählt haben. Am 25. Dezember feierten die Römer das „Fest der unbesiegbaren Sonne“, weil die Tage wieder länger wurden. Für die Christen ist die Geburt Jesu wie ein Licht, das sich in der Nacht ausbreitet.

Plötzlich kamen Stimmen vom Himmel, die verkündeten:

„Ehre sei Gott in der Höhe und Friede auf Erden allen Menschen, die er liebt.“

Als sie wieder allein waren, sagten sich die Schäfer:

„Lasst uns nach Betlehem gehen, um zu sehen, was der Herr uns verkündet hat.“

Sie beeilten sich und fanden Maria und Josef mit dem Neugeborenen in der Krippe. Nachdem sie es gesehen hatten, erzählten sie, was man ihnen über dieses Kind gesagt hatte, und alle staunten. Maria bewahrte all das in ihrem Herzen.

Nach dem Lukasevangelium, Kapitel 2, Verse 1 bis 19

Der Stern der Weisen

Zu dieser Zeit war Herodes König der Juden. Nun also kamen weise Männer aus dem Osten nach Jerusalem und fragten:

„Wo ist der neugeborene König der Juden? Wir haben seinen Stern aufgehen sehen und wollen ihm huldigen."

Als er das hörte, erschrak Herodes. Er fragte alle Hohenpriester, an welchem Ort der Messias geboren werden solle. Sie antworteten ihm:

„In Betlehem, wie der Prophet Micha es gesagt hat.

Herodes ließ die Weisen kommen und sagte zu ihnen:

„Geht nach Betlehem, sucht das Kind und findet es, dann sagt mir Bescheid, damit auch ich hingehe und ihm huldige."

Die Weisen brachen auf. Der Stern, den sie im Osten hatten aufgehen sehen, führte sie. Er blieb über der Stelle stehen, wo sich das Kind befand. Glücklich traten die Weisen ein und erblickten das Neugeborene mit seiner Mutter Maria. Sie warfen sich nieder und brachten ihm Gold, Weihrauch und Myrrhe dar. Aber weil ein Traum sie gewarnt hatte nicht zu Herodes zurückzukehren, nahmen sie einen anderen Weg, als sie nach Hause zogen.

Nach dem Matthäusevangelium, Kapitel 2, Verse 1 bis 12

Was ist ein Weiser?

In den orientalischen Ländern sind Weise Seher, Sterndeuter. Dieses Evangelium sagt: Die ersten, die gekommen sind, um Jesus anzubeten, sind Fremde. Später hat man erzählt, dass sie zu dritt waren, wegen der drei Geschenke. Man hat ihnen sogar Namen gegeben: Melchior, Kaspar und Balthasar. Und man hat sogar Könige aus ihnen gemacht!

Jesus wird gesucht

Was bedeutet: „Bei meinem Vater“?

Hier bedeutet das den Tempel, das Haus Gottes. Jesus ist zwölf Jahre alt: Das ist das Alter für die „Bar Mizwah“, das jüdische Glaubensbekenntnis. Dieses Evangelium macht deutlich, dass Jesus wirklich im Tempel zu Hause ist, denn er ist der Sohn Gottes.

Jedes Jahr gingen die Eltern Jesu nach Jerusalem, um das jüdische Paschafest zu feiern. Als Jesus zwölf Jahre alt war, pilgerte er mit ihnen.

Das Fest war zu Ende und Maria und Josef kehrten zurück, ohne zu bemerken, dass Jesus in Jerusalem geblieben war. Da sie dachten, dass ihr Kind unter den anderen Pilgern sei, gingen sie den ganzen Tag. Als es Abend wurde, fanden sie ihn nicht. So kehrten sie nach Jerusalem zurück. Nach drei Tagen fanden sie ihn dort im Tempel: Jesus saß inmitten der jüdischen Lehrer, hörte ihnen zu und stellte Fragen. Alle, die ihn hörten, bewunderten seinen Verstand und seine Antworten. Maria sagte bestürzt zu ihm:

„Mein Kind, warum hast du uns das angetan? Dein Vater und ich waren in Sorge um dich!“

„Warum habt ihr mich gesucht? Wisst ihr nicht, dass ich bei meinem Vater sein muss?“

Aber seine Eltern verstanden ihn nicht.

Jesus kehrte mit ihnen nach Nazaret zurück. Maria bewahrte alles in ihrem Herzen. Jesus aber wuchs unter den Augen Gottes und der Menschen an Körper und Geist heran.

Nach dem Lukasevangelium, Kapitel 2, Verse 41 bis 52

Die Taufe Jesu

Jahre später, zu der Zeit, als Kaiser Tiberias in Rom regierte und Pontius Pilatus sein Statthalter in Judäa war, erschien Johannes der Täufer in der Wüste. Bei seiner Geburt hatte Gott ihn zum Propheten erwählt. Er rief die Leute dazu auf, zu Gott zurückzukehren und ihr Leben zu ändern. Die Bewohner Jerusalems und Judäas ließen sich von ihm im Jordan taufen und bereuten ihre Sünden.

Auch Jesus kam, als er dreizehn war, um sich taufen zu lassen. Als er aus dem Wasser stieg, sah er den Geist Gottes über sich kommen wie eine Taube. Er hörte eine Stimme vom Himmel:

„Du bist mein geliebter Sohn. Dir schenke ich meine ganze Liebe."

Danach hieß der Heilige Geist Jesus, sich vierzig Tage lang in die Wüste zurückzuziehen.

Nach dem Markusevangelium, Kapitel 1, Verse 4 bis 13

Warum geht Jesus nach seiner Taufe in die Wüste?

Die Wüste ist ein Ort, an dem man nicht von materiellen Dingen abgelenkt wird. Jesus bleibt vierzig Tage dort, so wie das Volk Israel nach seiner Flucht aus Ägypten vierzig Jahre lang durch die Wüste zog (siehe Seiten 44 bis 49). Jesus bereitet sich so darauf vor, das Wort Gottes zu verkünden.

Die Menschenfischer

Was ist ein Jünger?

Das ist jemand, der auf einen Meister hört und so wie dieser leben will. Unter seinen Jüngern hat Jesus zwölf Apostel ausgewählt: Simon, genannt Petrus, Jakobus, Johannes, Andreas, Philippus, Bartholomäus, Matthäus, Thomas, Jakob, Thaddäus, Judas und Simon, den Zeloten.

Nach seiner Rückkehr aus der Wüste ging Jesus nach Galiläa zurück. Eines Tages sah er am Ufer des Sees Gennesaret zwei Fischer, Simon und seinen Bruder Andreas, die ihre Netze auswarfen. Jesus sagte zu ihnen:

„Kommt mit mir. Ich werde Menschenfischer aus euch machen."

Simon und Andreas ließen alles liegen und folgten ihm.

Ein Stück weiter sah Jesus Jakobus und dessen Bruder Johannes mit ihrem Vater in einem Boot. Sie reparierten ihre Netze. Jesus rief sie. Sofort verließen Jakobus und Johannes ihren Vater, um mit ihm zu gehen. Sie wurden die ersten Jünger Jesu.

Nach dem Markusevangelium,
Kapitel 1, Verse 16 bis 20

Wasser wird zu Wein

Von welcher Stunde spricht Jesus?

Maria kann Jesu Antwort nicht verstehen, denn er spricht von seiner Zukunft. Die „Stunde“ bedeutet den Zeitpunkt, an dem Jesus sein Leben am Kreuz opfert.

Eines Tages fand in dem Dorf Kana ein Hochzeit statt. Maria, Jesus und seine Jünger waren zum Hochzeitsmahl eingeladen. Der Wein ging aus. Maria sagte zu Jesus:

„Sie haben keinen Wein mehr.“

Jesus antwortete ihr:

„Meine Stunde ist noch nicht gekommen.“

Voller Zuversicht sagte Maria zu den Dienern:

„Tut, was er euch sagt.“

Jesus sagte zu ihnen:

„Füllt diese sechs großen Krüge mit Wasser und serviert dem Tafelmeister davon.“

Sie gehorchten. Der Tafelmeister kostete das Wasser, das sich in Wein verwandelt hatte. Er wusste nicht, woher der Wein gekommen war, und wandte sich an den Bräutigam:

„Es ist üblich, den guten Wein zu Anfang zu servieren. Du aber hast ihn bis zum Schluss behalten!“

So begann Jesus sich zu offenbaren. Und seine Jünger glaubten an ihn.

Nach dem Johannesevangelium, Kapitel 2, Verse 1 bis 11

Ein Gelähmter geht!

Einige Tage später hielt sich Jesus in einem Haus in Kafarnaum auf. Die Nachricht von seiner Anwesenheit verbreitete sich. Eine große Menschenmenge versammelte sich und Jesus verkündete ihr das Wort Gottes. Vier Männer wollten ihm einen Gelähmten bringen. Da sie nicht durch die Menge kamen, schlugen sie eine Öffnung ins Dach, um dort den Gelähmten auf seiner Trage hinabzulassen. Als Jesus ihren Glauben erkannte, sagte er zu dem Gelähmten:

„Mein Sohn, deine Sünden sind dir vergeben."

Einige Schriftgelehrte, die dabei waren, dachten:

„Er hat nicht das Recht, so etwas zu sagen! Nur Gott kann Sünden vergeben."

Jesus erriet ihre Gedanken und sagte zu ihnen:

„Ist es leichter zu sagen ‚Deine Sünden sind vergeben' oder ‚Steh auf und geh'? Ihr sollt wissen, dass ich die Macht habe Sünden zu vergeben."

Jesus wandte sich dann dem Gelähmten zu:

„Steh auf und geh nach Hause!"

Der Mann erhob sich und ging davon. Verblüfft fingen alle an Gott zu rühmen und sagten:

„So etwas haben wir noch nie gesehen!"

Nach dem Markusevangelium, Kapitel 2, Verse 1 bis 12

Hat Jesus wirklich die Kraft zu heilen?

Wir wissen, dass es zu dieser Zeit zahlreiche Heilkundige gab. Jesus hatte diese Kraft, aber er benutzte sie nicht auf aufsehenerregende Art, um sich bekannt zu machen! Mit seinen Heilungen wollte er seine Liebe zu den Unglücklichen zeigen und das Wort Gottes verkünden.

Das Geheimnis des Glücks

Sind das die Worte, die man Seligpreisungen nennt?

Ja. „Seligpreisungen“ bedeutet „Glück“. Diese Worte Jesu verändern die Vorstellungen, die man sich vom Glück macht. Sie zeigen den Weg, der zum Glück führt.

Als Jesus eines Tages die Menge sah, die ihm folgte, stieg er auf einen Berg. Er setzte sich und lehrte Unerhörtes:

„Selig die geistig Armen, das Reich Gottes gehört ihnen!

Selig die Sanftmütigen, sie werden das von Gott versprochene Land erhalten.

Selig die, die trauern, sie werden getröstet werden.

Selig die, die nach Gerechtigkeit hungern und dürsten, sie werden gesättigt werden.

Selig die, die sich um andere sorgen und zu vergeben wissen, Gott wird so auch zu ihnen sein.

Selig, die reinen Herzens sind, sie werden Gott sehen.

Selig, die Frieden um sich stiften, sie werden Söhne Gottes genannt werden.

Selig die, die verfolgt werden, weil sie sich für Gerechtigkeit einsetzen, das Reich Gottes ist ihrer.

Selig seid ihr, wenn man euch meinetwegen angreift und beschimpft.

Freut euch, denn euer Lohn in der Nähe Gottes wird groß sein.“

Nach dem Matthäusevangelium, Kapitel 5, Verse 1 bis 12

Worte des Lebens

Jesus sagte auch zu der Menge:

„Wenn ihr betet, sagt: Vater unser im Himmel, geheiligt werde dein Name, dein Reich komme, dein Wille geschehe, wie im Himmel, so auf Erden. Unser tägliches Brot gib uns heute. Vergib uns unsere Schuld, wie auch wir vergeben unseren Schuldigern, und führe uns nicht in Versuchung, sondern erlöse uns von dem Bösen."

Ein anderes Mal wollte ein Schriftgelehrter Jesus auf die Probe stellen und fragte ihn:

„Meister, welches ist, unseren heiligen Büchern zufolge, das wichtigste Gebot?"

Jesus antwortete ihm:

„Du sollst den Herrn, deinen Gott, lieben, mit deinem ganzen Herzen, deiner ganzen Seele und all deinen Gedanken. So lautet das erste Gebot. Ihm gleicht das zweite Gebot hier: Du sollst deinen Nächsten lieben wie dich selbst. Alles, was in den heiligen Büchern steht, hängt von diesen beiden Geboten ab."

Nach dem Matthäusevangelium,
Kapitel 6, Verse 9 bis 13, und
Kapitel 22, Verse 35 bis 40

Das Gleichnis vom Sämann

Was ist ein Gleichnis?

Eine ganz einfache Geschichte, die man erzählt, um etwas Schwieriges oder Wichtiges zu erklären.

Einst, am Ufer des Sees, sammelte sich eine so große Menge um Jesus, dass er sich in ein Boot setzte, um ihnen dieses Gleichnis zu erzählen:

„Ein Mann ging aus, um zu säen. Einige Körner fielen an den Wegrand und die Vögel pickten sie auf. Andere Körner fielen auf steinigen Boden. Da dort die Erde nicht tief war, wuchsen sie sehr schnell, ohne feste Wurzeln zu bilden, und wurden von der Sonne versengt. Andere Körner fielen zwischen Dornen, die sie erstickten. Andere schließlich fielen auf guten Boden und brachten kräftige Ähren hervor, dreißigfach, sechzigfach und sogar hundertfach! Wer Ohren hat, der höre und verstehe."

Nach dem Matthäusevangelium, Kapitel 13, Verse 1 bis 9

Der Schatz und die Perle

Jesus erzählte auch diese Gleichnisse:

„Das Reich Gottes gleicht einem Schatz, der in einem Acker vergraben ist. Ein Mensch entdeckt den Schatz. Er ist so glücklich, dass er ihn wieder versteckt, alles verkauft, was er besitzt, und zurückkommt, um den Acker zu kaufen.

Das Reich Gottes gleicht auch einer wunderschönen Perle, die ein Händler sucht. Er findet eine. Glücklich verkauft er alles, was er besitzt, und kauft die Perle."

Nach dem Matthäusevangelium, Kapitel 13, Verse 44 bis 46

Der Mann, der zu reich war

Was ist das ewige Leben?

Das Leben in Gott. Im Jenseits wird der Tod gänzlich besiegt sein.

Ein Mann kam zu Jesus und fragte ihn:

„Meister, was muss ich tun, um das ewige Leben zu erlangen?"

„Warum fragst du mich? Gehorche den Geboten unseres Glaubens!"

„Welchen?"

„Du sollst nicht töten, nicht stehlen, nicht lügen, Vater und Mutter ehren, nicht ehebrechen und deinen Nächsten lieben wie die selbst."

„All das habe ich befolgt. Was muss ich noch tun?"

„Wenn du vollkommen sein willst", sagte ihm Jesus, „verkaufe alles, was du besitzt, und gib das Geld den Armen. So wirst du reich sein in den Augen Gottes. Dann komm und folge mir."

Als der junge Mann diese Worte hörte, ging er traurig davon, denn er war sehr reich.

Nach dem Matthäusevangelium
Kapitel 19, Verse 16 bis 22

Geheimnisvolles Wasser

Jesus durchquerte mit seinen Jüngern den Landstrich Samarien. Eines Mittags fand er sich allein mit einer Frau, die Wasser am Brunnen des Dorfes Sychar schöpfte, der Jakobsbrunnen genannt wurde.

„Gib mir zu trinken", sagte er zu ihr.

„Wie? Du, ein Jude, bittest eine Samariterin um etwas zu trinken!" (Die Juden verachteten nämlich die Einwohner Samariens, denn sie warfen ihnen vor, auf dem Berg Garizim zu Gott zu beten und nicht im Tempel in Jerusalem.)

„Wenn du doch die Gabe Gottes erkennen würdest!", sagte Jesus. „Wenn du wüßtest, wer ich bin, so hättest du mich um Wasser gebeten."

„Du hast nichts zum Schöpfen", entgegnete die Frau.

„Die, die das Wasser der Brunnen trinken, haben stets Durst. Aber die, die mein Wasser trinken, haben nie mehr wieder Durst. Es wird ihnen die Quelle des ewigen Lebens werden."

„Herr, du bist ein Prophet!", rief die Samariterin. „Sag mir nun: Muss man Gott auf dem Berg verehren, wie unsere Väter, oder in Jerusalem?"

„Weder das eine noch das andere. Gott ist Geist, und das, dem wir huldigen, ist in unserem Herzen."

Nach dem Johannesevangelium, Kapitel 4, Verse 1 bis 24

Was ist dieses geheimnisvolle Wasser, von dem Jesus spricht?

Im Orient stellte man sich einst vor, dass es unter der Erde ein Wasser gebe, welches mit der göttlichen Welt verbunden sei. Manche Juden dachten, dass der Jakobsbrunnen dieses Wasser spende. Jesus bekräftigt, dass er das göttliche Leben geben kann, aber nicht mit dem Wasser des Brunnens, sondern durch den Heiligen Geist.

Der Heer des Meeres

War Jesus ein Zauberer?

Nein. Damals stellte das Meer eine unbekannte Welt der Gefahren dar, das Reich böser Mächte und der Kraft des Todes. Diese Geschichte zeigt den Sieg Jesu über diese Todesmächte. Das Wort der Gelehrten hierfür ist „Exorzismus".

Eines Tages ließen Jesus und seine Jünger die Menge hinter sich und bestiegen ein Boot, um auf die andere Seite des Sees überzusetzen. Ein gewaltiger Sturm brach los, und das Boot lief voll Wasser. Jesus schlief. Seine Jünger jammerten:

„Meister, wir sind verloren!"

Jesus schrie in den Wind und befahl dem Meer:

„Ruhe!"

Der Wind legte sich, und eine große Stille brach an. Jesus sagte nun:

„Warum habt ihr solche Angst? Glaubt ihr nicht an mich?"

Erstaunt und von Ehrfurcht ergriffen, sagten sie zueinander:

„Wer ist Jesus, dass sogar der Wind und das Meer ihm gehorchen?"

Nach dem Markusevangelium, Kapitel 4, Verse 35 bis 41

Brot für Tausende

Eines Tages versammelte sich eine große Menschenmenge um Jesus und seine Jünger. Sie fanden nicht einmal Zeit zu essen. So sagte Jesus zu ihnen:

„Lasst uns auf der anderen Seite des Sees ausruhen."

Sie legten mit dem Boot ab, aber am Ufer wartete schon eine große Menge auf sie. Als Jesus sie wie eine Herde ohne Hirte sah, bekam er Mitleid. Lange Zeit sprach er zu ihnen. Die Jünger beunruhigten sich:

„Es ist spät, schick sie fort, damit sie sich etwas zu essen kaufen!"

„Gebt ihr ihnen zu essen", antwortete Jesus.

„Das wird sehr teuer werden!"

„Seht nach, wie viele Brote ihr habt."

Die Jünger sahen nach.

„Fünf Brote und zwei Fische!"

Brechen nicht auch die Christen in der Messe das Brot wie in dieser Erzählung?

Genau. In den Evangelien kommt es mehrmals vor, dass Jesus Brot teilt. In der Messe erinnern sich die Christen daran, dass Jesus auch heute noch allen Menschen, die an ihn glauben, das Brot des Lebens gibt.

Jesus hieß die Leute sich in Gruppen von hundert und fünfzig zusammensetzen. Er nahm die fünf Brote und zwei Fische. Dann, die Augen zum Himmel gerichtet, segnete er sie, teilte und gab seinen Jüngern, damit sie es verteilten. Alle aßen und wurden satt, und man sammelte die Reste ein: Es blieben immer noch zwölf ganze Brote. Und es waren fünftausend Leute gewesen!

Nach dem Markusevangelium, Kapitel 6, Verse 30 bis 44

Wer ist Jesus?

Jesus und seine Jünger zogen von Dorf zu Dorf. Unterwegs fragte er sie:

„Für wen halten mich die Leute?"

„Für Johannes den Täufer, für Elija oder für einen Propheten", sagten die Jünger.

„Und für wen haltet ihr mich?"

Petrus antwortete:

„Du bist Christus, der Messias!"

Jesus trug ihnen auf, sein Geheimnis zu bewahren. Dann offenbarte er ihnen, dass er viel werde leiden müssen, dass er von den Hohenpriestern abgelehnt werde, dass er hingerichtet und drei Tage danach wieder auferstehen werde.

Petrus nahm ihn zur Seite und machte ihm Vorwürfe, weil er so sprach. Aber Jesus blickte die Jünger an und antwortete ihm:

„Du sprichst wie der Teufel! Deine Gedanken sind nicht die Gottes, sondern die der Menschen."

Nach dem Markusevangelium, Kapitel 8, Verse 27 bis 33

Woher weiß Jesus, dass er sterben und wieder auferstehen wird?

Jesus wusste genau, dass die Priesterschaft ihn ablehnte und sein Leben in Gefahr war. Aber sein Vertrauen in Gott ließ ihn an einen Sieg über den Tod durch die Auferstehung glauben.

Was bedeutet „Christus" und „Messias"?

Beides heißt das gleiche. „Christus" stammt aus dem Griechischen, „Messias" aus dem Hebräischen. Beides bedeutet „der Gesalbte", womit das Öl gemeint ist, das für die Königsweihe verwendet wurde. Die Juden erwarteten den wahren, von Gott gesandten König.

Die Verklärung Jesu

Was bedeutet diese Erzählung?

Um sie zu verstehen, muss man sich an Mose erinnern, wie er auf dem Berg Sinai vom Licht Gottes erstrahlte (siehe Seite 45). Jesus ist der neue Mose auf dem Berg Gottes. Mehr noch, er ist der Sohn Gottes. Diese Entdeckung ist für Petrus, Jakobus und Johannes wie eine Erleuchtung!

Sechs Tage später nahm Jesus Petrus, Jakobus und Johannes mit auf einen hohen Berg. Plötzlich erschien er ihnen verwandelt: Seine Gestalt und seine Kleider waren von einem strahlenden Weiß. Dann sahen die Jünger ihn mit Elija und Mose sprechen. Da wandte Petrus sich an Jesus:

„Meister, hier sind wir richtig! Lasst uns drei Zelte errichten: eines für dich, eines für Mose und eines für Elija."

Petrus wusste nämlich nicht, was er sagen sollte, so beeindruckt war er. Eine Wolke umhüllte die Jünger und sie hörten:

„Dies ist mein geliebter Sohn. Hört auf ihn!"

Auf einmal sahen sie nur noch Jesus alleine.

Nach dem Markusevangelium, Kapitel 9, Verse 2 bis 8

Die Kinder in den Armen

Viele Leute brachten ihre Kinder zu Jesus, aber die Jünger hinderten sie ihm nahe zu kommen. Als er das sah, sagte Jesus ärgerlich zu ihnen:

„Lasst die Kinder zu mir kommen. Stoßt sie nicht weg, denn ihresgleichen gehört das Reich Gottes. Ja, ich sage euch: Wenn ihr nicht werdet wie die Kinder, werdet ihr nicht das Himmelreich betreten!“

Und Jesus schloss die Kinder in seine Arme, segnete sie und legte jedem von ihnen seine Hand auf.

Nach dem Markusevangelium, Kapitel 10, Verse 13 bis 16

Warum hindern die Jünger die Kinder daran, sich Jesus zu nähern?

Weil zu jener Zeit Kinder nicht wichtig genommen wurden. Jesus aber empfängt sie und stelle sie als Vorbild dar: Sie sind vertrauensvoll und gelehrig.

Der barmherzige Samariter

Warum hielten der Priester und der Tempeldiener nicht an?

Weil man sich ihrer Religion zufolge unrein macht, wenn man sich um einen Verwundeten kümmert. Sie gehorchten also mehr den Gesetzen ihrer Religion als der Nächstenliebe.

Ein Mann fragte Jesus:

„Wer ist mein Nächster?"

Jesus erzählte ihm dieses Gleichnis:

„Ein Mann stieg von Jerusalem nach Jericho hinab. Er fiel unter die Räuber, die ihn niederschlugen, ausraubten und halb tot liegen ließen. Ein Tempelpriester kam des Weges: Er sah ihn liegen und machte einen Bogen um ihn. Später kam ein Tempeldiener, sah ihn auch und ging weiter.

Aber ein Samariter, der auf Reisen war, fand den Verwundeten. Als er ihn liegen sah, bekam er Mitleid. Er ging zu ihm hin und versorgte seine Wunden, dann hob er ihn auf seinen Esel, brachte ihn zu einer Herberge und kümmerte sich um ihn.

Am nächsten Morgen gab er dem Herbergsvater zwei Geldstücke und sagte zu ihm: ‚Kümmere dich um ihn. Wenn du mehr für ihn aufwendest, so werde ich dich auf meinem Rückweg bezahlen.'"

Dann fragte Jesus:

„Welcher der drei war dem Verwundeten der Nächste?"

„Der, der gut zu ihm war", antwortete der Mann.

„Geh und tue dasselbe!"

Nach dem Lukasevangelium, Kapitel 10, Verse 29 bis 37

Das verlorene Schaf

Auch Leute, die die religiösen Vorschriften missachten, kamen, um Jesus zu hören. Die Strenggläubigen beschwerten sich:

„Dieser Mann empfängt auch die Sünder und isst sogar mit ihnen!“

So erzählte Jesus ihnen dieses Gleichnis:

„Wenn jemand hundert Schafe hat und eines verliert, was macht er dann? Läßt er nicht die übrigen neunundneunzig zurück und geht das verlorene zu suchen? Wie froh ist er, wenn er es wiedergefunden hat! Er trägt es auf seinen Schultern zurück und wenn er nach Hause kommt, ruft er seine Freunde und Nachbarn zusammen, damit sie seine Freude mit ihm teilen.

Ich sage euch: Gott freut sich mehr über einen einzigen reuigen Sünder als über neunundneunzig Gerechte, die keine Vergebung nötig haben.“

Nach dem Lukasevangelium, Kapitel 15, Verse 1 bis 7

Warum murren die Strenggläubigen über Jesus?

Sie denken, dass ihre Religion ihnen gebietet, sich von den Sündern fernzuhalten, um nicht so zu werden wie diese. Sie sind bestürzt, dass Jesus die Sünder annimmt und mit ihnen isst.

Der verlorene Sohn

Was wird aus dem älteren Sohn am Ende der Geschichte?

Das sagt das Gleichnis nicht, sodass wir uns diese Frage selbst stellen. Nun ... was meinst du?

Jesus erzählte dieses Gleichnis:

„Ein Mann hatte zwei Söhne. Der jüngere sagte zum Vater: ‚Gib mir meinen Teil des Erbes.‘ Der Vater teilte sein Vermögen auf. Einige Tage danach packte der Jüngere seine Habe zusammen und brach in ein fernes Land auf. Er gab alles aus und führte ein ausschweifendes Leben. Eine schlimme Hungersnot kam über diese Gegend. Er fand sich im Elend wieder und verdingte sich als Schweinehirte. Gerne hätte er vom Schweinefutter gegessen, aber man gab ihm nichts.

So überlegte er: ‚Die Arbeiter meines Vaters haben genug zu essen und ich sterbe vor Hunger! Ich werde zu meinem Vater zurückkehren und ihn um Vergebung bitten.‘

Das tat er auch. Von ferne sah ihn sein Vater kommen und wurde von Mitleid ergriffen: Er lief ihm entgegen und küsste ihn. Der Sohn sagte zu ihm: ‚Vater, ich habe gegen Gott und gegen dich gesündigt. Ich verdiene es nicht, dein Sohn genannt zu werden ...‘

Aber der Vater sagte zu seinen Dienern: ‚Schnell, gebt ihm die schönsten Gewänder, schlachtet ein fettes Kalb, lasst uns essen und feiern! Denn mein Sohn war tot und er ist zum Leben zurückgekehrt. Er war verloren und ist wieder gefunden worden.‘

Und sie begannen zu feiern. Als der ältere Bruder vom Feld zurückkehrte, fragte er, was geschehen sei.

Ein Diener antwortete: ‚Dein Vater feiert die Wiederkehr deines Bruders!' Da wurde der ältere Sohn wütend auf seinen Vater: ‚Jahrelang war ich gehorsam zu dir und nie hast du für mich ein solches Fest gefeiert. Aber wenn dein Sohn zurückkommt, nachdem er dein ganzes Vermögen verschleudert hat, lässt du ein fettes Kalb für ihn schlachten!'

Der Vater antwortete: ‚Du bist immer bei mir und alles, was mein ist, gehört dir. Aber wir müssen uns doch freuen, denn dein Bruder war tot und er ist zum Leben zurückgekehrt. Er war verloren und ist wieder gefunden worden!'"

Nach dem Lukasevangelium,
Kapitel 15, Verse 11 bis 32

Der kleine Mann auf dem Baum

Warum wird Zachäus wie ein Sünder behandelt?

Weil er die Steuern für die römischen Besatzer eintrieb und dadurch reich wurde, dass er viel Geld für sich einbehielt.

Jesus ging durch die Stadt Jericho. Da wollte ihn ein Mann namens Zachäus sehen. Dieser war der Oberste der Zöllner und er war reich. Da er klein war und die Menge groß, lief er voraus und kletterte auf einen Baum. Als Jesus ankam, sah er ihn und sagte:

„Zachäus, komm schnell herunter. Heute muss ich dein Gast sein!"

Zachäus stieg herab und empfing Jesus voller Freude. Als sie das sahen, murmelten die Leute:

„Er wohnt bei einem Sünder!"

Aber Zachäus wandte sich zu Jesus und sagte:

„Hört, Herr: Ich werde den Armen die Hälfte meines Vermögens geben. Und wenn ich jemanden bestohlen habe, so will ich ihm das Vierfache wiedergeben."

So sprach Jesus:

„Heute ist das Heil über dieses Haus gekommen. Denn ich bin gekommen, um den zu retten, der verloren war."

Nach dem Lukasevangelium, Kapitel 19, Verse 1 bis 10

Der blinde Bartimäus

Jesus verließ Jericho, gefolgt von seinen Jüngern und einer großen Menschenmenge. Ein blinder Bettler namens Bartimäus saß am Wegrand. Als er gewahr wurde, dass es Jesus von Nazaret war, der vorbeizog, schrie er:

„Jesus, Sohn Davids, erbarme dich meiner!"

Man wollte ihn zum Schweigen bringen, aber er rief noch lauter:

„Sohn Davids, erbarme dich meiner!"

Jesus hielt an und sagte:

„Ruft ihn!"

Also rief man den Blinden:

„Nur Mut, erhebe dich. Jesus hat dich gerufen."

Bartimäus warf seinen Mantel ab, sprang auf und lief auf Jesus zu. Dieser sagte zu ihm:

„Was soll ich für dich tun?"

„Meister, mach, dass ich sehen kann!"

„Geh, dein Glaube hat dich gerettet."

Im selben Moment konnte Bartimäus sehen und er folgte Jesus auf seinem Weg.

Nach dem Markusevangelium, Kapitel 10, Verse 46 bis 52

Wie weit ist Bartimäus Jesus gefolgt?

Jesus ist auf dem Weg nach Jerusalem. Bartimäus glaubte an Jesus, folgte seinem Weg, der in den Tod und zur Auferstehung führte. Wie er sind auch wir aufgerufen dem Weg Jesu zu folgen, um vom Tod ins Leben zu gelangen.

Einzug in Jerusalem

Warum ist Jesus auf einen Esel gestiegen?

Damals diente das Pferd für kriegerische Zwecke, der Esel für häusliche Arbeiten. Auf einem Esel reitend stellte sich Jesus als friedlicher König dar wie der Friedensfürst, der von den Propheten verheißen wurde.

Jesus und seine Jünger näherten sich Jerusalem in der Nähe von Betanien und dem Ölberg. Er schickte zwei Jünger und sagte zu ihnen:

„Geht in das Dorf dort. Ihr werdet einen kleinen Esel angebunden finden, den noch nie jemand bestiegen hat. Bringt ihn her. Wenn man euch Fragen stellt, sagt, dass der Herr ihn braucht und ihn zurückbringen wird."

Die Jünger taten, wie Jesus ihnen geheißen, und man ließ sie gewähren. Sie brachten den Esel, legten ihm ihre Mäntel über und Jesus setzte sich darauf. Viele Menschen breiteten ihre Mäntel und Blattwerk auf dem Weg aus. Die, die ihn begleiteten, riefen:

„Hosianna! Gesegnet sei, der da kommt im Namen des Herrn! Hosianna in der Höhe!"

Jesus betrat den Tempel in Jerusalem. Er prüfte den Ort, dann, als es Abend war, ging er mit seinen Jüngern nach Betanien zurück.

Nach dem Markusevangelium, Kapitel 11, Verse 1 bis 11

Panik im Tempel

Warum gibt es Händler im Tempel?

Um den Gläubigen Opfertiere zu verkaufen und das Geld der jüdischen Pilger zu wechseln.

Am nächsten Morgen, wieder zurück in Jerusalem, ging Jesus in den Tempel und verjagte die Händler und Kunden, die sich dort befanden. Er kippte die Tische der Geldwechsler um, die Stände der Taubenverkäufer, und er ließ niemanden in den Tempel, der Waren bei sich hatte. Dann sagte er zu ihnen:

„Unsere heiligen Bücher sprechen so vom Tempel Gottes: ‚Mein Haus sei ein Haus des Gebets für alle Völker.'

Aber ihr, ihr habt daraus eine Räuberhöhle gemacht!“

Die Hohenpriester und Schriftgelehrten, die hörten, was Jesus getan hatte, überlegten, wie sie ihn beseitigen konnten. Sie fürchteten Jesus, denn die Leute aus dem Volk bewunderten und hörten auf ihn.

Nach dem Markusevangelium,
Kapitel 11, Verse 15 bis 18

Eine Frau ist zum Tode verurteilt

Warum verurteilt Jesus diese Frau nicht?

Jesus heißt nicht gut, was diese Frau getan hat. Aber anstatt sie zum Tode zu verurteilen, zieht er es vor, dass sie in sich geht und ihre Lebensweise ändert.

Eines Tages kamen Strenggläubige, die Jesus auf die Probe stellen wollten, und brachten ihm eine Frau:

„Meister, diese Frau ist erwischt worden, als sie mit einem anderen Mann als dem ihrigen schlief. Das Gesetz Mose befiehlt uns sie zu steinigen. Was sagst du?"

Aber Jesus bückte sich und zog mit dem Finger Linien in die Erde. Als sie beharrlich blieben, sagte er zu ihnen:

„Wer noch nie eine einzige Sünde begangen hat, der werfe den ersten Stein!"

Und er bückte sich erneut und schrieb auf die Erde. Als sie seine Antwort hörten, ging einer nach dem anderen weg, die Ältesten zuerst. Jesus blieb allein mit der Frau. Er fragte sie:

„Wo sind sie? Hat dich keiner verurteilt?"

„Keiner, Herr."

„Auch ich verurteile dich nicht. Geh und tu es nie wieder."

Nach dem Johannesevangelium, Kapitel 8, Verse 3 bis 11

Lazarus wird zum Leben erweckt

Als Jesus mit seinen Jüngern weit von Judäa entfernt war, hörte er, dass sein Freund Lazarus schwer krank war. Er wartete jedoch noch zwei Tage, bevor er nach Judäa zurückging. Er sagte zu seinen Jüngern:

„Unser Freund Lazarus ist eingeschlafen. Ich werde ihn auferwecken."

Als Jesus ankam, lag Lazarus schon seit vier Tagen im Grab. Marta und Maria, seine Schwestern, waren von vielen Leuten umgeben. Marta kam Jesus entgegen.

„Herr, wenn du hier gewesen wärst, wäre mein Bruder jetzt nicht tot. Aber ich weiß auch, dass Gott dir gewähren wird, worum du ihn bittest."

Jesus erwiderte:

„Dein Bruder wird auferstehen. Ich bin die Auferstehung und das Leben. Jeder Mensch, der lebt und an mich glaubt, wird niemals sterben."

„Das glaube ich, Herr, du bist der Messias, der Sohn Gottes."

Auch Maria kam, fiel vor Jesus auf die Knie und sagte weinend zu ihm:

„Herr, wenn du hier gewesen wärst, wäre mein Bruder jetzt nicht tot!"

Von Mitgefühl überwältigt, weinte auch Jesus. Als er am Grab ankam, ließ er den Stein wegnehmen und betete:

Ist die Auferstehung des Lazarus dasselbe wie die Jesu?

Nein. Mit seiner Auferstehung hat Jesus endgültig den Tod besiegt. Die Auferstehung Lazarus' ist nur vorübergehend. Aber sie kündigt die Auferstehung an, die Jesus allen, die an ihn glauben, nach ihrem Tod verspricht.

„Vater, ich danke dir, dass du mich erhört hast. Ich weiß, dass du mich immer erhörst. Aber ich sage das, damit diese Menge glaubt, dass du mich gesandt hast."

Dann rief er laut:

„Lazarus, komm heraus!"

Und der Verstorbene kam heraus.

Viele von denen, die anwesend waren, glaubten an Jesus. Die Hohenpriester, die davon hörten, beschlossen endgültig ihn umzubringen: Sie befürchteten, dass sein Erfolg Unruhe auslösen könnte.

Nach dem Johannesevangelium,
Kapitel 11, Verse 1 bis 53

Der Verrat des Judas

Es war zwei Tage vor dem Paschafest. Die Hohenpriester suchten einen Vorwand, um Jesus festzunehmen und zu töten. Sie sagten sich:

„Nicht an den Festtagen, denn das Volk könnte in Aufruhr geraten."

Judas Iskariot, einer der zwölf Apostel, ging zu ihnen, um Jesus auszuliefern. Die Hohenpriester freuten sich und versprachen ihm Geld. Von da an wartete Judas auf einen günstigen Augenblick, um Jesus auszuliefern.

Nach dem Markusevangelium,
Kapitel 14, Verse 1 bis 2 und 10 bis 11

Warum verrät Judas Jesus?

Das weiß man nicht genau. War er von Jesus enttäuscht? War er geldgierig? Den Evangelien zufolge hat der Geist des Bösen Judas diesen Verrat eingegeben.

Das Abschiedsessen

Will Jesus wirklich, dass man seinen Leib isst und sein Blut trinkt?

Die Christen sind keine Kannibalen! Aber dadurch, dass sie die Handlungen und Worte Jesu wiederholen, das Brot essen und den Wein trinken, teilen die Christen tatsächlich das Leben des gestorbenen und wieder auferstandenen Jesus.

Es war der erste Tag des Paschafestes. Die Jünger Jesu gingen nach Jerusalem, um einen Raum für das Festmahl vorzubereiten. Als es Abend geworden war, kam Jesus mit den zwölf Aposteln. Als das Mahl begann, sagte er zu ihnen:

„Einer von euch wird mich verraten!“

Bestürzt fragte ihn einer nach dem anderen:

„Ich etwa?“

„Einer, der sein Brot mit mir in dieselbe Schüssel tunkt. Aber weh dem, der mich ausliefert! Es wäre besser für ihn, er wäre nie geboren worden …“

Während des Essens nahm Jesus das Brot, segnete es, brach es und gab es seinen Aposteln mit den Worten:

„Nehmt, dies ist mein Leib.“

Dann nahm er seinen Becher Wein, dankte Gott und gab ihn seinen Aposteln mit den Worten:

„Das ist mein Blut, das Blut des Bundes, für alle. Ich sage euch, ich werde keinen Wein mehr trinken bis zu dem Tag, an dem ich den neuen Wein im Reich Gottes trinke.“

Singend dankten sie Gott, dann gingen sie. Jesus sagte ihnen noch:

„Ihr werdet versucht sein euch von mir abzuwenden.“

„Ich werde dich nie aufgeben“, sagte Petrus.

„Ich sage dir: Noch in dieser Nacht, bevor der Hahn zweimal kräht, wirst du dreimal geschworen haben, dass du mich nicht kennst!“

„Selbst, wenn ich sterben müsste, würde ich das nicht tun!“

Und alle sagten das Gleiche.

Nach dem Markusevangelium, Kapitel 14, Verse 12 bis 31

Verhaftet wie ein Dieb

Warum lässt Jesus sich festnehmen?

Er will nicht Gewalt mit Gewalt erwidern. Er gibt sein Leben, damit die Menschen feststellen, dass nur die Nächstenliebe zum ewigen Leben führt.

Jesus und seine Apostel überquerten den Kidron, um sich im Garten Getsemani ausruhen zu gehen, einem Garten mit Olivenbäumen, wo sie schon oft gewesen waren. Jesus bat seine Apostel wach zu bleiben, aber sie schliefen ein. Jesus betete abseits:

„Vater, ich habe Angst zu sterben, aber ich vertraue auf dich. Alles geschehe, wie du willst."

Dann weckte Jesus seine Apostel. In diesem Moment traf Judas mit einer bewaffneten Garde ein, die die Hohenpriester geschickt hatten. Judas hatte die Soldaten angewiesen:

„Verhaftet den, den ich umarmen werde."

Er trat auf Jesus zu und umarmte ihn mit den Worten:

„Meister!"

Sofort ergriffen die Wachen Jesus. Er sagte zu ihnen:

„Mitten in der Nacht seid ihr gekommen, um mich zu verhaften wie einen Dieb. Jedoch an all den Tagen, an denen ich im Tempel lehrte, habt ihr mich nicht gefasst!"

Da verließen ihn alle Apostel und flohen.

Nach dem Markusevangelium, Kapitel 14, Verse 32 bis 50

Die drei Lügen des Petrus

Die Soldaten führten Jesus zum Obersten Priester. Petrus und ein anderer Jünger folgten ihnen. Da dieser Jünger den Obersten Priester kannte, betrat er mit Jesus den Hof, dann ließ er Petrus eintreten. Eine Dienerin sagte zu diesem:

„Bist nicht auch du ein Jünger dieses Mannes?"

„Nein, das bin ich nicht", sagte Petrus.

Die Diener hatten ein Feuer angezündet, um sich zu wärmen. Währenddessen befragte der Oberste Priester Jesus über seine Jünger und seine Lehre.

„Ich habe offen vor aller Welt gesprochen", sagte Jesus. „Ich habe in den Synagogen und im Tempel gelehrt. Warum fragst du mich? Frag die, die gekommen sind, um mich zu hören, was ich gesagt habe. Sie wissen es."

Eine Wache ohrfeigte ihn:

„So antwortest du also dem Hohenpriester!"

„Wenn ich Schlechtes gesagt habe", antwortete Jesus, „dann zeig mir, was daran schlecht war. Wenn nicht, warum schlägst du mich?"

Im Hof wärmte sich Petrus am Feuer. Jemand sagte zu ihm:

„Bist nicht auch du einer seiner Jünger?"

„Nein, bin ich nicht."

„Habe ich dich nicht mit ihm in dem Garten gesehen?", sagte ein anderer.

„Nein", sagte Petrus noch einmal.

In diesem Moment krähte ein Hahn …

Nach dem Johannesevangelium, Kapitel 18, Verse 13 bis 27

Das Verhör

Was machten die Römer im Land?

Sie hielten das Land seit etwa einem Jahrhundert besetzt. Sie ließen die Juden ihre Religion ausüben, behielten aber die politische Macht und das Recht, zum Tode Verurteilte hinzurichten.

In der Morgendämmerung wurde Jesus zu Pilatus gebracht, dem römischen Statthalter. Die Priester blieben vor dem Palast. Pilatus ging hinaus, um sie zu fragen:

„Was werft ihr diesem Mann vor?“

„Er ist ein Verbrecher!“

„Nehmt und verurteilt ihn nach eurem Gesetz.“

„Aber wir haben nicht das Recht, jemanden hinzurichten.“

So kam Pilatus mit Jesus zurück und sagte:

„Bist du der König der Juden?“

„Sagst du das von dir aus oder haben andere dir das gesagt?“, fragte Jesus.

„Ich bin kein Jude“, sagte Pilatus, „sie haben dich ausgeliefert. Also was hast du getan?“

„Mein Königreich ist nicht von dieser Welt“, sagte Jesus. Sonst hätte ich Soldaten, um mich zu verteidigen.„

„Also bist du König?“, fragte Pilatus.

„Du sagst, dass ich König bin. Ich bin auf die Welt gekommen, um für die Wahrheit Zeugnis abzulegen.“

„Was ist die Wahrheit?“, fragte Pilatus.

Dann ging er hinaus, um den Priestern zu sagen:

„Ich finde keinen Grund ihn zu verurteilen. Aber da ich immer am Paschafest einen Gefangenen freilasse: Wollt ihr, dass ich den König der Juden freilasse?“

Sie riefen:

„Nicht ihn! Sondern Barabbas, den Räuber!“

Nach dem Johannesevangelium, Kapitel 18, Verse 28 bis 40

Zum Tod am Kreuz verurteilt

Pilatus nahm Jesus und ließ ihn auspeitschen. Die Soldaten setzten ihm eine Dornenkrone aufs Haupt, gaben ihm einen roten Königsmantel und verspotteten ihn:

„Sei gegrüßt, König der Juden!"

Dann schlugen sie ihn. Schließlich brachte Pilatus ihn zu den Priestern.

„Hier ist der Mensch!"

Aber die Priester riefen:

„Kreuzigt ihn! Kreuzigt ihn!"

Pilatus antwortete:

„Ich finde keinen Grund ihn zu verurteilen. Kreuzigt ihn selbst!"

„Nach unserem Gesetz muss er sterben, weil er behauptet hat, er sei der Sohn Gottes."

Pilatus suchte einen neuen Grund ihn freizulassen, aber die Priester riefen:

„Wer sich als König ausgibt, widersetzt sich dem römischen Kaiser!"

Pilatus führte Jesus vor und sagte:

„Hier ist euer König!"

„Zum Tode! Zum Tode! Kreuzige ihn!"

„Soll ich euren König kreuzigen?"

„Unser einziger König ist der Kaiser!"

Also überließ Pilatus ihnen Jesus, um ihn zu kreuzigen. Es war ein Freitag, der Vorabend des Paschafestes, gegen Mittag.

Nach dem Johannesevangelium, Kapitel 19, Verse 1 bis 16

Warum wurde man zum Tode verurteilt, wenn man sich Sohn Gottes nannte?

Für die Juden ist Gott einzigartig und unerreichbar. Falls also jemand wagt zu sagen: „Ich bin der Sohn Gottes", setzt er sich Gott gleich. Das ist in den Augen der Juden unverzeihlich.

Ein schrecklicher Tod

Wurden alle zum Tode Verurteilten gekreuzigt?

Nein. Die Kreuzigung war für Sklaven und Nichtrömer vorgesehen, um Mord, Raub, Betrug und Aufruhr zu bestrafen. Es war eine schreckliche Qual, die einige Tage lang dauern konnte.

Jesus schleppte sein Kreuz bis Golgota, einem Hügel nahe bei der Stadt. Man kreuzigte ihn mit zwei anderen Männern. Eine Inschrift, die Pilatus diktiert hatte und am Kreuz angenagelt war, verkündete: „Jesus von Nazaret, König der Juden".

Die Soldaten teilten die Kleider Jesu unter sich auf und losten um das Unterkleid. Als Jesus seine Mutter und Johannes, seinen geliebten Jünger, erblickte, sagte er zu ihnen:

„Frau, sieh deinen Sohn. Johannes, sieh deine Mutter."

Dann sagte Jesus:

„Es ist vollbracht."

Er neigte sein Haupt und gab seinen Geist auf.

Es war ein Freitag und die Gekreuzigten sollten am Sabbat nicht am Kreuz bleiben. Also zerschlugen die Soldaten den beiden anderen Verurteilten die Beine, um ihren Tod zu beschleunigen. Als sie

sahen, dass Jesus schon tot war, zerschlugen sie seine Beine nicht, sondern durchbohrten seine Seite. Es floss Blut und Wasser heraus.

Pilatus erlaubte dem Josef aus Arimathäa, einem Jünger Jesu, den Leichnam abzunehmen. Nikodemus, ein anderer Jünger, brachte Myrrhe und Aloe, um den Leichnam einzubalsamieren. Sie wickelten Jesus in ein Leintuch und legten ihn in ein frischgeschaufeltes Grab in der Nähe, inmitten eines Gartens.

Nach dem Johannesevangelium, Kapitel 19, Verse 17 bis 41

Auferstanden!

Gibt es Beweise dafür, dass Jesus auferstanden ist?

Es gibt keine Zeugen der Auferstehung Jesu. Es waren Jünger, die mehrfach den auferstandenen Jesus gesehen haben und von diesem außergewöhnlichen, unerwarteten Ereignis verwirrt waren. Seither glauben die Christen ihnen aufs Wort. Und viele von ihnen haben es sogar vorgezogen, getötet zu werden, als ihren Glauben an den auferstandenen Jesus zu verraten.

Am ersten Tag der Woche, bei Tagesanbruch, ging Maria aus Magdala, eine Jüngerin Jesu, zum Grab. Sie sah, dass es offen war, und lief, um es Petrus und Johannes zu sagen:

„Sie haben den Herrn aus seinem Grab geholt und wir wissen nicht, wo sie ihn hingebracht haben!"

Die Jünger liefen zum Grab. Johannes kam als Erster, sah das Leintuch, ging aber nicht hinein. Petrus ging hinein. Er sah das Leintuch und das Tuch, das das Haupt Jesu bedeckt hatte. Johannes folgte ihm. Er sah und glaubte. Bis dahin hatten die Jünger nicht verstanden, dass Jesus, den heiligen Büchern zufolge, von den Toten auferstehen musste. Dann gingen sie nach Hause zurück.

Maria aus Magdala blieb weinend vor dem Grab zurück. Sie drehte sich um und sah Jesus vor sich, aber sie wusste nicht, dass er es war. Jesus sagte zu ihr:

„Warum weinst du? Wen suchst du?"

Sie hielt ihn für den Gärtner und antwortete:

„Wenn du es warst, der den Leichnam fortgebracht hat, sag mir, wo du ihn hingebracht hast. Ich werde ihn holen."

Da sagte Jesus:

„Maria!"

Da erkannte sie ihn.

„Meister!"

Jesus fuhr fort:

„Halte mich nicht. Geh lieber und sage meinen Brüdern, dass ich zu meinem Vater, der auch der eure ist, hinaufsteige, zu meinem Gott, der auch euer Gott ist."

Maria aus Magdala ging davon, um den Jüngern zu verkünden:

„Ich habe den Herrn gesehen! Hört, was er zu mir gesagt hat!"

Nach dem Johannesevangelium, Kapitel 20, Verse 1 bis 18

Thomas will Beweise

Was ist der Heilige Geist?

Das griechische Wort für Geist bedeutet auch „Atem“. Gott schickt uns seinen heiligen Atem, um seine Liebe in unsere Herzen zu verströmen und unser Leben zu beleben.

An diesem Tag erschien Jesus den versammelten Jüngern. Er zeigte ihnen die Wunden an seinen Händen und seiner Seite und die Jünger wurden von Freude erfüllt.

„Der Friede sei mit euch“, sagte Jesus. „Wie der Vater mich gesandt hat, so sende ich euch.“

Dann hauchte er sie an und fügte hinzu:

„Empfangt den Heiligen Geist. Jeder Mensch, dem ihr die Sünden vergebt, der sei sündenfrei. Wem ihr die Vergebung verweigert, der erhalte sie nicht.“

Die Jünger berichteten dies Thomas, der an diesem Abend nicht bei ihnen gewesen war.

„Wenn ich Jesus nicht sehe“, sagte Thomas, „wenn ich ihn nicht berühre, dann glaube ich das nicht.“

Acht Tage später erschien Jesus von neuem:

„Der Friede sei mit euch! Thomas, tritt vor. Sieh mich an und berühre mich. Hör auf zu zweifeln und glaube.“

Thomas rief aus:

„Mein Herr und mein Gott!“

Dann sagte Jesus zu ihm:

„Du glaubst, weil du gesehen hast. Selig sind die, die glauben, ohne gesehen zu haben.“

Nach dem Johannesevangelium, Kapitel 20, Verse 19 bis 29

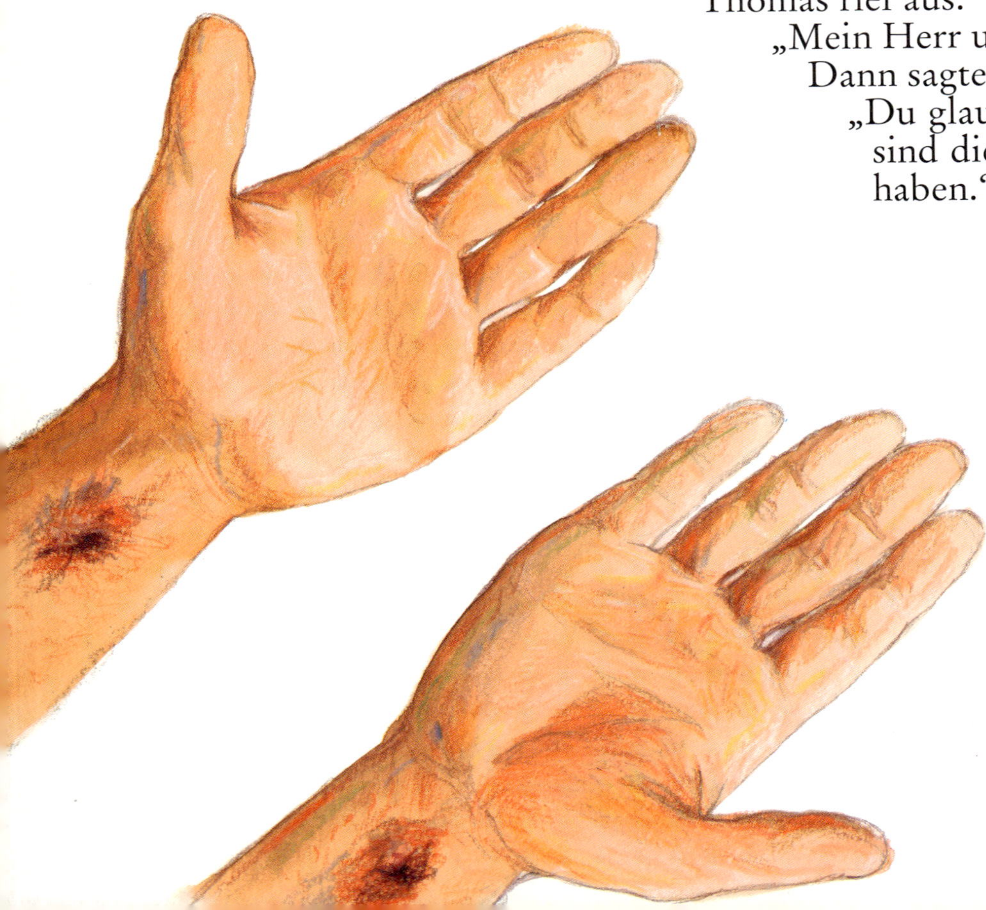

Auf dem Weg nach Emmaus

Am selben Tag wanderten zwei Jünger traurig zu einem Dorf namens Emmaus. Jesus trat hinzu und ging mit ihnen. Aber sie erkannten ihn nicht. Jesus fragte sie:

„Worüber sprecht ihr?“

„Du bist der einzige, der nicht weiß, was in diesen Tagen geschehen ist. Jesus von Nazaret war ein Prophet vor dem Herrn und vor dem Volk. Die Hohenpriester und die Römer haben ihn vor drei Tagen kreuzigen lassen. Wir hatten aber gehofft, dass er das Land befreien werde! Einige Frauen haben uns verwirrt: Sie sind vom Grab zurückgekommen und haben den Leichnam Jesu nicht gefunden. Ein Engel habe ihnen sogar gesagt, dass Jesus lebe. Einige Freunde sind dies prüfen gegangen, aber sie haben ihn nicht gesehen.“

Jesus sagte ihnen darauf:

„Wie es euren Herzen schwerfällt zu glauben, was die Propheten gesagt haben! Habt ihr nicht den Sinn des Todes von Jesus verstanden?“

Und er erläuterte ihnen die Texte, die in all den heiligen Büchern von ihm sprachen.

Als sie Emmaus erreichten, sagten die Jünger zu Jesus:

„Bleib bei uns, der Abend bricht herein.“

Warum erkennen die Jünger Jesus nicht?

Solange die Jünger den wieder zu finden suchen, den sie einst gekannt haben, können sie ihn nicht wieder erkennen. Aber das Wort Gottes und das Teilen des Brotes zeigen ihnen das neue Gesicht Jesu: den, den man nur mit den Augen des Glaubens sieht.

Als Jesus mit ihnen bei Tisch saß, nahm er das Brot, segnete es, brach es und reichte es ihnen. Da öffneten sich ihre Augen und sie erkannten ihn, aber er verschwand unter ihren Blicken. Sie sagten zueinander:

„Unser Herz brannte, weil er unterwegs zu uns sprach!“

Sofort kehrten sie nach Jerusalem zurück, um die Apostel aufzusuchen. Diese sagten zu ihnen:

„Es ist wahr! Der Herr ist auferstanden!“

Jeder von den beiden Jüngern erzählte, was ihnen unterwegs widerfahren war und wie sie Jesus erkannt hatten, als er das Brot brach.

Nach dem Lukasevangelium,
Kapitel 24, Verse 13 bis 35

Jesus, mit seinem Vater vereint

Bei einem Mahl gebot Jesus seinen Jüngern Jerusalem nicht zu verlassen, sondern dort abzuwarten, was der Vater verheißen hatte. Er erinnerte sie an dieses Versprechen:

„Bald werdet ihr im Heiligen Geist getauft sein."

Die Jünger fragten ihn:

„Herr, ist nun die Zeit, da du das Reich in Israel wieder errichten wirst?"

Jesus antwortete ihnen:

„Kümmert euch nicht darum. Ihr werdet eine Kraft empfangen, die des Heiligen Geistes. So werdet ihr meine Zeugen in Jerusalem sein, im ganzen Judäa und in Samarien und bis ans Ende der Erde."

In diesem Moment sahen sie Jesus sich erheben und in einer Wolke verschwinden. Sie starrten noch immer zum Himmel, als zwei Männer in weißen Gewändern zu ihnen sagten:

„Warum steht ihr hier und starrt zum Himmel? Jesus wird so wiederkommen, wie ihr ihn habt gehen sehen."

Nach der Apostelgeschichte,
Kapitel 1, Verse 4 bis 11

Ist Jesus davongeflogen?

Nein. Die Himmelfahrt ist ein Bild, um zu sagen, dass der auferstandene Jesus nun zur Welt Gottes gehört. Wir können ihn nicht mehr sehen. Wir werden ihn wieder sehen, wenn wir nach unserem Tod die Welt Gottes entdecken werden.

Der Atem des Pfingstfestes

Wie können die Jünger auf einmal in fremden Sprachen sprechen?

Die Pfingstgeschichte erklärt auf bildhafte Weise das Handeln des Heiligen Geistes. Die Menschen hatten in Babylon aufgehört sich zu verstehen (siehe Seite 22). Nun, dank dem Heiligen Geist, können sie sich verstehen, auch wenn sie nicht dieselbe Sprache sprechen.

Fünfzig Tage nach dem Paschafest kamen die Jünger Jesu zusammen, um das jüdische Erntefest, Pfingsten genannt, zu feiern. Plötzlich hörten sie das Brausen eines gewaltigen Windes und sie sahen, wie Feuerzungen sich über jeden von ihnen senkten. So wurden sie vom Heiligen Geist erfüllt und sie begannen, in fremden Sprachen zu sprechen.

Damals lebten in Jerusalem Juden aus fremden Ländern. Sie kamen, um zu sehen, woher der Lärm stammte:

„Diese Männer sind aus Galiläa! Wie kann jeder von uns sie in seiner Sprache hören? Was bedeutet das? Sie haben zuviel getrunken!“

Da wandte sich Petrus an sie:

„Nein, wir sind nicht betrunken! Heute hat sich das Wort Gottes ‚Über alle werde ich meinen Geist verströmen‘ erfüllt. Also hört dies: Ihr habt Jesus von Nazaret von den Römern kreuzigen lassen. Aber Gott hat ihn auferweckt. Wir sind Zeugen dafür. Er hat ihn zum Herrn und Christus gemacht.“

Die, die Petrus hörten, waren betroffen. Sie fragten die Jünger:

„Brüder, was sollen wir tun?“

Petrus antwortete ihnen:

„Kehrt um und lasst euch im Namen Jesu Christi taufen, auf dass eure Sünden vergeben werden. So werdet ihr die Gabe des Heiligen Geistes empfangen.“

An diesem Tag empfingen ungefähr dreitausend Menschen die Taufe und schlossen sich den Jüngern an.

Nach der Apostelgeschichte, Kapitel 2, Verse 1 bis 41

Alle sind Brüder

Waren die ersten Christen vollkommen?

Diese Stelle aus der Apostelgeschichte stellt uns eine ideale Gemeinschaft vor. So sollten alle Christen leben. Aber das Buch sagt auch, dass es auch für die ersten Christen schwierig war, so zu leben. Jeden Tag kostete es erneute Anstrengung, um ein so vollkommenes Leben zu führen.

Die neuen Jünger Jesu folgten treu den Weisungen der Apostel. Sie lebten als Brüder und Schwestern zusammen: Sie verkauften alles, was sie besaßen, und teilten das Geld nach den Bedürfnissen eines jeden auf. Alle Tage gingen sie zum Tempel, um zu beten. Sie brachen das Brot zum Gedenken Jesu und priesen Gott. Alle Welt liebte sie. Jeden Tag schlossen sich, dank dem Herrn, neue Jünger der Gemeinschaft an.

Nach der Apostelgeschichte, Kapitel 2, Verse 42 bis 47

Zwei Apostel im Tempel verhaftet

Eines Tages stiegen Petrus und Johannes zum Tempel hinauf, um zu beten. Ein Gelähmter erbat ein Almosen. Petrus blickte ihn fest an und sagte:

„Sieh uns an! Wir haben weder Gold noch Silber, aber was wir haben, geben wir dir: Im Namen Jesu Christi, erhebe dich und gehe!"

In diesem Augenblick war der Gelähmte geheilt. Er ging mit ihnen in den Tempel und pries Gott. Die Leute, die ihn wieder erkannten, waren sehr erstaunt und verwirrt. Petrus und Johannes erklärten ihnen, dass sie dieses Wunder im Namen Jesu vollbracht hatten. Sie verkündeten ihnen seine Auferstehung und riefen sie auf, ihre Lebensweise zu ändern.

Die wütenden Tempelpriester ließen die beiden Apostel verhaften. Sie verboten ihnen den Namen Jesu auszusprechen. Aber Petrus und Johannes antworteten:

„Ist es besser, euch zu gehorchen als Gott? Uns ist unmöglich über das zu schweigen, was wir gesehen und gehört haben!"

Die Tempelpriester mussten die beiden Apostel freilassen, um das Volk zu beruhigen und weil sie keinen rechten Grund fanden sie zu verurteilen.

Nach der Apostelgeschichte, Kapitel 3 und Kapitel 4, Verse 1 bis 21

Stephanus wird gesteinigt

Wer war Stephanus?

Stephanus war beauftragt sich mit sechs anderen Jüngern um die griechischsprechenden Christen in Jerusalem zu kümmern. Er nahm sich vor allem der Witwen und Armen an. Außerdem war er verantwortlich für die Mahlzeiten der Gemeinschaft und verkündete die Frohe Botschaft Christi. Indem er für seinen Glauben starb, wurde er der erste Märtyrer in der Geschichte der Christen.

Stephanus war ein Jünger, erfüllt von der Kraft Gottes: Er wirkte große Wunder. Eines Tages diskutierte eine Gruppe Juden mit ihm, um ihm zu widersprechen. Aber es gelang ihnen nicht, denn seine Worte wurden vom Heiligen Geist angeregt. Unzufrieden hetzten sie die Bevölkerung und die Hohenpriester gegen Stephanus auf und sie nahmen ihn fest, um ihn zu verurteilen. Sie ließen Lügner kommen, um ihn anzuklagen:

„Dieser Mann führt Reden gegen das Religionsgesetz und gegen den Tempel. Er behauptet, dass Jesus ihn zerstören und das Gesetz Mose ändern wird."

Alle Richter hatten ihre Augen auf Stephanus gerichtet: Sein Gesicht erschien ihnen wie das eines Engels. Er erzählte ihnen ausführlich die ganze Geschichte Israels und erklärte ihnen dabei, dass Jesus sehr wohl der Messias war, den die Juden erwarteten.

Diese Worte machten die Richter zornig. Sie stürzten sich auf ihn, zerrten ihn vor die Stadt und begannen, Steine nach ihm zu werfen, um ihn zu töten. Ein junger Mann namens Paulus bewahrte ihre Kleider. Unter den Steinwürfen betete Stephanus:

„Herr Jesus, nimm meinen Geist an!"
Auf die Knie fallend rief er laut:
„Herr, vergib ihnen!"
Darauf sank er tot nieder.

Nach der Apostelgeschichte,
Kapitel 6, Verse 8 bis 15,
und Kapitel 7

Paulus wird auf dem Weg nach Damaskus geblendet

Paulus verachtete die Jünger Jesu und wollte sie ausrotten. Er war beauftragt die Jünger in Damaskus ins Gefängnis zu bringen.

Auf dem Weg kam ein Licht vom Himmel und umfing ihn. Er stürzte zu Boden und hörte eine Stimme:

„Paulus, warum verfolgst du mich?“

„Wer bist du, Herr?“, fragte Paulus.

„Ich bin Jesus, dem du Böses willst. Erhebe dich, geh in die Stadt. Man wird dir sagen, was du tun sollst.“

Paulus erhob sich, aber er war blind. Seine Männer führten ihn nach Damaskus. Dort wohnte er bei einem Mann namens Judas. Drei Tage lang blieb er dort und er aß nicht und trank nicht.

Der Herr rief Hananias, einen seiner Jünger, der in Damaskus wohnte:

„Hananias, geh zu Judas. Dort wirst du einen betenden Mann finden, der Paulus genannt wird.“

„Herr, ich habe von ihm sprechen gehört und all dem Bösen, das er unseren Brüdern in Jerusalem angetan hat. Er ist bestimmt gekommen, um die, die an dich glauben, festzunehmen!“

„Geh“, sagte der Herr, „ich habe diesen Mann erwählt, um mich der ganzen Welt bekannt zu machen.“

Hananias ging zu Paulus und legte seine Hände auf ihn:

„Paulus, mein Bruder, es ist der Herr, der mich schickt. Er ist dir unterwegs erschienen. Du wirst das Augenlicht wiedererlangen und vom Heiligen Geist erfüllt werden.“

Sogleich konnte Paulus wieder sehen, dann ließ er sich taufen. Er aß und seine Kräfte kehrten wieder. Bald ging er in die Synagogen und verkündete, dass Jesus der Sohn Gottes ist.

Nach der Apostelgeschichte,
Kapitel 9, Verse 1 bis 20

Paulus, ein Reisender im Namen Gottes

Was weiß man über das Lebensende von Paulus?

Die Apostelgeschichte sagt darüber nichts. Das Buch endet mit der Ankunft des Paulus in Rom: Das Evangelium hat damit die Hauptstadt der damals bekannten Welt erreicht. Später hat man erzählt, dass Paulus zur selben Zeit wie Petrus in Rom hingerichtet worden ist, etwa um das Jahr 63. So glaubte man die Verbreitung der Frohen Botschaft zu verhindern.

Einige Jahre später schloss sich ein anderer Jünger, Barnabas genannt, Paulus an, um das Evangelium in Antiochia zu verkünden, einer großen Stadt in Syrien. Dann wurden diese beiden Jünger auserwählt, um die Lehre nach Kleinasien zu bringen. Sie begannen damit, dass sie den Juden in den Synagogen predigten, aber oft wurden sie verjagt. So gingen sie zu den Heiden, das heißt zu denen, die keine Juden waren. Sie zogen von Stadt zu Stadt, von Land zu Land. Der Heilige Geist leitete sie auf ihrem Weg.

Nach der ersten Reise zog Paulus wieder aus, um die Frohe Botschaft bis nach Griechenland zu bringen. Bei seiner Rückkehr nach Jerusalem ließen ihn einige Juden einsperren, die zornig waren, ihn das Evangelium verkünden zu sehen. Aber Paulus, der römischer Bürger war, verlangte, dass er in Rom vom Kaiser verurteilt werde.

Das Schiff, das ihn dorthin mitnahm, erlitt Schiffbruch, aber Paulus wurde gerettet und kam drei Monate später in Rom an. Er gewann das Vertrauen der Oberen der jüdischen Gemeinde und es kamen mehr und mehr Leute, um ihn zu hören. Paulus verkündete das Reich Gottes und vom Morgen bis zum Abend bemühte er sich sie durch seine Erzählungen von Jesus zu überzeugen.

Nach der Apostelgeschichte, Kapitel 13 bis 28

Wenn die Liebe fehlt ...

Regelmäßig schrieb Paulus Briefe (oder Episteln) an die christlichen Gemeinden, die er auf seinen Reisen gegründet hatte. Hier eine Stelle aus einem seiner schönsten Briefe, den er um das Jahr 56 an die Christen der griechischen Stadt Korinth geschickt hat:

„Wenn ich schön redete in allen Sprachen der Erde und hätte die Liebe nicht, ich wäre nichts als eine tönende Zimbel.

Wenn ich alle Kenntnis Gottes hätte, einen Glauben, der Berge versetzt, und mein Leben geben würde und doch die Liebe nicht hätte, es wäre alles nichts.

Die Liebe ist geduldig, die Liebe ist gut, die Liebe ist nicht eifersüchtig, sie prahlt nicht und ist nicht stolz.

Sie tut nichts Schändliches, ist nicht eigensüchtig, wird nicht zornig.

Sie rächt sich nicht, sie verbündet sich nicht mit dem Bösen, (aber) sie findet ihre Freude in der Wahrheit. Sie erträgt alles, vertraut allem, hofft alles. Die Liebe ist ewig."

Nach dem Ersten Korintherbrief, Kapitel 13, Verse 1 bis 13

Verzeichnis der Personen- und Ortsnamen

H

I

J

K

L

M

N

O

P

Q

R

S

T

U

W

X

Z

Inhaltsverzeichnis

Das Neue Testament